商渔船 避碰与安全

主　编◉ 杜柏松　艾万政

副主编◉ 陈建华　余蔡坪　丁天明　宁　君

主　审◉ 王　捷

大连海事大学出版社

DALIAN MARITIME UNIVERSITY PRESS

ⓒ 杜柏松　艾万政 **2024**

图书在版编目(CIP)数据

商渔船避碰与安全 / 杜柏松,艾万政主编. — 大连 ：
大连海事大学出版社, 2024.12 — ISBN 978-7-5632
-4573-4

Ⅰ. U675.96;U698

中国国家版本馆 CIP 数据核字第 2024SV0197 号

大连海事大学出版社出版

地址:大连市黄浦路523号　邮编:116026　电话:0411-84729665(营销部)　84729480(总编室)

http://press. dlmu. edu. cn　E-mail:dmupress@ dlmu. edu. cn

大连天骄彩色印刷有限公司印装　　　　　　**大连海事大学出版社发行**

2024 年 12 月第 1 版　　　　　　　　　**2024 年 12 月第 1 次印刷**

幅面尺寸:184 mm×260 mm　　　　印张:13　　　　　　　字数:319 千

出版人:刘明凯

责任编辑:张　华　　　　　　　　　　　　责任校对:阮琳涵

封面设计:张爱妮　　　　　　　　　　　　版式设计:张爱妮

ISBN 978-7-5632-4573-4　审图号:GS(2024)2579 号　定价:60. 00 元

编者的话

2020 年 8 月,为深入贯彻落实国务院安全生产委员会印发的《关于加强水上运输和渔业船舶安全风险防控工作的意见》,切实加强水上交通安全监管工作,防范和降低商渔船碰撞风险,实现辖区"遏重大、降较大、减总量"的总体目标,舟山海事局牵头,联合舟山市海洋与渔业局、浙江海洋大学等,整体谋划、全新布局,成立了全国首个防范商渔船碰撞事故警示教育培训基地。在此背景下,浙江海洋大学组织经验丰富的老师编写了本教材,并组织行业内专家、教学经验丰富的教授和实践经验丰富的商渔船船长等对本教材进行了审定。在编写前,编者在舟山海事局等部门的组织下对商渔船及其船员现状进行了调研。在准确把握商渔船船员应具备的业务素质的前提下,本教材以应知应会的知识技能为基础,注重理论联系实际,加强商渔船船员对海上安全航行作业的认识,促进其防范意识的提升。

本教材结合国际海事组织(IMO)《1978 年海员培训、发证和值班标准国际公约马尼拉修正案》,国家相关法律、法规,中华人民共和国海事局最新颁布的《中华人民共和国海船船员适任考试大纲》中的"船舶值班与避碰"科目考试大纲,以及农业农村部《渔业船舶航行值班准则(试行)》要求编写而成。

本教材分为上下两篇,共八章。

上篇为理论篇,共四章:第一章为商船概述,包括常见商船分类、商船的瞭望盲区、商船的值班制度、商船海上避让操纵、中国沿海商船习惯航线及 AIS 大数据轨迹;第二章为渔船概述,包括渔船、渔具,渔船作业方式及规律,渔船值班,中国沿海渔区及渔场;第三章为船舶信号,包括船舶信号介绍,商船应显示的号灯、号型,渔船应显示的号灯、号型,声响和灯光信号;第四章为商渔船导助航及其他设备,包括电子海图、雷达、AIS 和网位仪、GPS 和北斗卫星导航系统、VHF 设备、AIS-B 系统。

下篇为实践篇,共四章:第五章为商渔船碰撞事故成因及规律,包括商渔船碰撞事故成因分析、商渔船碰撞事故特点、商渔船碰撞事故的预防措施,舟山沿海商渔船碰撞事故规律与对策;第六章为渔船应急,包括渔船应配备的救生设备、渔船碰撞后应采取的应急措施、渔船船员的求助与自救;第七章为商渔船船长谈避碰,包括商船船长谈避碰、渔船船长谈避碰、《中华人民共和国海上交通安全法》中涉及商渔船相关内容的介绍;第八章为典型案例分析,介绍了渔船"抢船头"、渔船驾驶台无人值守等常见商渔船碰撞事故案例。

另外,本教材还包括六个附录以供读者参考。

本教材紧密结合国内外法律、法规和先进避碰技术,强调知识和技术的更新,注重专业素养的培养,具有新工科教材的特点。本教材的编写从航海实践出发,注重实际应用,力求内容丰富全面,并且在编排上由浅入深,表述浅显易懂。本教材可以作为中高等航海教育航海技术专业教学和商渔船船员考证培训用书,也可以作为交通运输、航运管理、国际贸易等相关专业的教学和参考用书。

本教材由浙江海洋大学船舶与海运学院杜柏松船长、艾万政教授主编。杜柏松整理并完成全书的统稿。本教材由浙江海洋大学王捷教授(船长)主审。

本教材的编写得到了海事、渔政管理等部门领导和专家的关心和指导,得到了相关航运和渔业公司的大力支持和帮助,在此一并表示衷心感谢。

由于编者水平有限,书中难免存在错误和疏漏,希望广大读者和专家批评指正。

编　者

2023 年 12 月

扫码学习《深入学习贯彻党的二十大精神　加快建设交通强国当好中国式现代化开路先锋》

扫一扫
畅享立体化资源

目 录

上篇　理论篇

下篇　实践篇

上篇

理论篇

第一章 商船概述

本章是商船概述部分,主要介绍了商船的常见种类、商船的瞭望盲区、商船的值班制度以及商船的操纵特点等内容,并通过分析我国沿海 AIS 大数据,介绍了我国沿海商船的活动范围等。本章目的是希望让渔船驾驶员和相关从业人员熟悉商船涉及船舶避碰的相关内容。

第一节 常见商船分类

一、商船概念

商船是以商业行为为目的来运载货物和旅客的船只。

二、商船分类

按用途不同,商船可分为货船、客船和客货船。战时对征用的商船进行相应的改装,就可使这些非军事船舶迅速用于军事目的。因此,许多国家在发展海上远洋事业的同时,也考虑战时对商船的调用,以满足国家紧急状态下的战争需要。

(一)货船

货船(Cargo Ship)以载运货物为其主要任务,其特点是经济、实用。货船按照不同的用途,分为散货船、杂货船、冷藏船、木材船、集装箱船、滚装船、载驳船和多用途船等。

1.散货船

散货船(Bulk-cargo Ship),是专门用于载运各种散装货物的船舶。散货船按船舶规模与航线可划分为:

(1)灵便型(Handy)船:载重量 1 万~3.5 万 t。

（2）大灵便型（Handymax）船：载重量 3.5 万~6 万 t。

（3）巴拿马型（Panamax）船：可通过巴拿马运河、船宽小于 32.2 m，载重量 6 万~8 万 t。

（4）阿芙拉型（Aframax）船：载重量 8 万~12 万 t。

（5）苏伊士型（Suezmax）船：载重量 12 万~20 万 t。

（6）海角型（Cape）船：载重量在 20 万 t 以上，包括 VLCC 和 ULCC，如图 1-1-1 所示。VLCC 是指载重量 20 万~30 万 t 的船舶，ULCC 是指载重量 30 万 t 以上的船舶。

（7）淡水河谷型（Valemax）船：为近年来兴起的一种大型矿砂船 VLOC，如图 1-1-2 所示，载重量可达 40 万 t，用于运输铁矿石。

图 1-1-1　VLCC 和 ULCC

图 1-1-2　VLOC

散货船按照运输的货物种类，可分为干散货船、液散货船。

（1）干散货船，是专门用于装载干散货物的船舶，一般用于运输大宗货物，故吨位较大。其始达的港口一般都有装卸设备，所以大型散货船可以不设置装卸设备，如图 1-1-3 所示。

（2）液散货船，是专门载运各种散装液体货物的船舶，包括油船、液体化学品船和液化气体船等。

①油船（Oil Tanker），是主要装运包括成品油、石油化工原料和原油等在内的液态石油类货物的船舶。它的特点是舱口小，封闭条件好，机舱都设在船尾，船壳本身被分隔成数个储油舱，有油管贯通各个油舱，并设有空气压缩设备，在装卸油料时以空气压力将油料通过管道推送至各储油舱。

图 1-1-3　干散货船

油船按所载货油分为原油船(Crude Oil Tanker)和成品油船(Product Carrier),如图 1-1-4 所示。

图 1-1-4　原油船和成品油船

②液体化学品船(Liquid Chemical Tanker),是专门载运散装液体化学品的船舶,如图 1-1-5 所示。由于液体化学品多为有毒、易燃、腐蚀性强的液体货物,且品种繁多,因此,其货舱结构表现为多而小,舱壁多采用耐腐蚀的不锈钢制成,且设计成双层底和双层壳结构。

图 1-1-5　液体化学品船

③液化气体船(Liquified Gas Carrier),是专门载运散装液态气体的船舶,包括液化天然气船和液化石油气船。

液化天然气船(Liquified Natural Gas Carrier),是专门用来装运经过液化的天然气的船舶。船上设有耐高压的液化气体罐,为保持罐内冷度及压力在一定范围内,还配有压缩机和冷凝器。其液舱的形状多为球形和矩形两种,要求隔热且保持恒定的超低温(-163 ℃),如图 1-1-6

所示。

图 1-1-6　液化天然气船

液化石油气船(Liquified Petroleum Gas Carrier),是专门载运散装液态石油气(丙烷、丁烷等)的船舶,分为全加压式、全冷冻式和半加压半冷冻式液化石油气船,如图 1-1-7 所示。

图 1-1-7　液化石油气船

2. 杂货船

杂货船(General Cargo Ship),是用于载运各种件杂货物的船舶,如图 1-1-8 所示。由于件杂货物的批量较小,杂货船的吨位比散货船和油船小。在内陆水域中航行的杂货船吨位有数百吨、上千吨,而在远洋运输中的杂货船可达 2 万 t 以上。杂货船通常据货源具体情况及货运需要航行于各港口,设有固定的船期和航线,一般定期行驶于货运繁忙的航线。

图 1-1-8　杂货船

3. 冷藏船

冷藏船(Refrigerated Cargo Vessel),是专门用于装载新鲜水果、肉类、鱼类等易腐货物的船舶,如图 1-1-9 所示。船上有适合冷藏货物的冷藏舱和大能量的制冷设备。

图 1-1-9 冷藏船

4. 木材船

木材船(Lumber Cargo Ship),是专门用于装载木材或原木的船舶,如图 1-1-10 所示。这种船的舱口大,舱内无梁柱及其他妨碍装卸的设备,船舱和甲板上均可装载木材;为防甲板上的木材被海浪冲出舷外,在船舷两侧一般设置不低于 1 m 的舷墙。

图 1-1-10 木材船

5. 集装箱船

集装箱船(Container Ship),是专门用按统一标准制造、可反复周转使用的集装箱作为装载工具载运货物的货船,如图 1-1-11 所示。其船航速较快,通常为 20~26 kn,也有高达 33 kn 的。

图 1-1-11 集装箱船

6. 滚装船

滚装船(Roll on-roll off Ship),是适宜运载车辆和大型机械,也适宜装载集装箱的船舶,如图 1-1-12 所示。这种船的结构特点是无货舱,只有纵贯全船的甲板,而且甲板层数多,一般有

2~4层,各层甲板之间有内部运输系统(升降机),型深即主甲板到船底间的高度比同吨位的其他货船大。

图 1-1-12　滚装船

7. 载驳船

载驳船(Barge Carrier),又称子母船,是一种能搭载多个驳船,以适于海河联运的船舶,如图 1-1-13 所示。

图 1-1-13　载驳船

这种船的船体很大,即是母船,所载驳船则是子船。其主要特点是所装载的货物单元为货驳,各种货物预先装在统一的货驳上。母船上设有巨型门吊或船尾升降平台,船到港口停靠后,利用这些设施把子船降入水中。子船开抵内河装货,然后驶回,驳运货物完毕,再全部搭载上母船,开往货运目的港。抵达目的港后,子船又从母船上卸下,完成将货物驳运至内河卸货的作业。

除上述各种船外,船舶还有气垫船、水翼船等,如图 1-1-14 和图 1-1-15 所示。

图 1-1-14　气垫船

图 1-1-15 水翼船

（二）客船

客船(Passenger Ship)，是指专门用于运送旅客及其所携带的行李和邮件的船舶。通常多为定期定线航行，故亦称"班轮"。客船的主要特点是安全、舒适、平稳和快捷，船舱布置较为华丽，通风设施良好，卫生设备齐全，航速较快，如图 1-1-16 所示。

图 1-1-16 客船

（三）客货船

客货船(Passenger-cargo Ship)，是兼营旅客和货物运输的船舶，有以载客为主的，也有以载货为主的，还有载运客货并重的，如图 1-1-17 所示。

图 1-1-17 客货船

思考题:

1. 简述商船的三大基本分类,并分别指出各类型船舶的主要特点和主要用途。

2. 散货船根据规模和航线可划分哪些类?每一类散货船的载重量范围或适航条件有哪些不同?

3. 液散货船中的专用船型设计与安全要求有哪些?

第二节 商船的瞭望盲区

一、盲区的概念

船上的盲区是船舶的球鼻艏前等区域,即在驾驶台上向前瞭望时看不到的一片区域。盲区分为视觉盲区和仪器盲区。

二、视觉盲区

船舶的视觉盲区即在船舶周围视觉被货物或船体遮挡的一片海域,如图 1-2-1 所示。在船舶视觉盲区,驾驶台的瞭望视线受到阻挡,船舶瞭望受到影响,导致船舶驾驶员不能及时掌握船舶周围的通航环境,进而可能引发碰撞事故。

图 1-2-1 船舶的视觉盲区

目前,《SOLAS 公约》的要求是,满载情况下驾驶室前视野被阻挡范围应小于 2L(L 为船长)或 500 m(取最小),如图 1-2-2 所示。

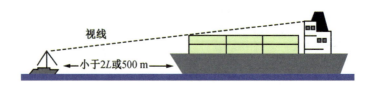

图 1-2-2 船舶盲区示例图

三、仪器盲区

如图 1-2-3 所示,仪器盲区主要指雷达盲区,是指在船舶雷达探测范围内因地理条件、电磁波传播特性、目标速度和雷达本身的原因造成的,在雷达有效作用距离内探测不到目标的区域。

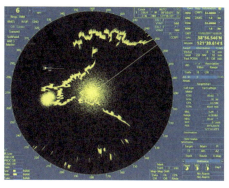

图 1-2-3　船舶雷达

1. 雷达盲区

雷达探测原理和应用环境的限制,导致航海雷达存在无法探测到的区域,这些区域在雷达图像上显示为无回波的盲区,即为雷达盲区,如图 1-2-4 所示。雷达盲区主要包括扇形阴影区、船舶首尾阴影区、雷达探测盲区等。

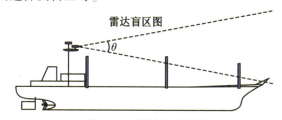

图 1-2-4　船舶雷达盲区

2. 正横和正横后他船同频干扰

有时候当海上航行的两条大船接近到一定距离时,雷达屏幕上会出现以本船为圆心的一个同心带的回波,即为常说的同频干扰,如图 1-2-5 所示。

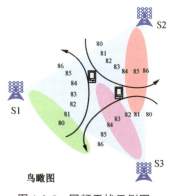

图 1-2-5　同频干扰示例图

晚间航行在渔船较多的水域,处在正横和正横后的渔船的背景灯光会麻痹人的眼睛。当这种方位的船出现时,驾驶员稍微疏忽,就会感觉这样的船舶从本船的正横闪现,令人猝不及防。

因此,驾驶员在航行值班瞭望期间不仅仅是往前看,还要经常到驾驶台外面观察船舶周围的情况,对船舶目前所处水域的交通环境做到心中有数。另外,现在的船舶基本上都安装了AIS和电子海图,驾驶员也应经常留意AIS和电子海图上显示的他船相关信息。

思考题:

1. 船舶在驾驶台前视野中存在视觉盲区的主要原因是什么?《SOLAS公约》对视觉盲区的具体要求是什么?

2. 讨论在航行值班时驾驶员可以利用哪些手段克服视觉盲区和仪器盲区的不足。

第三节　商船的值班制度

商船在航行和停泊过程中,为了确保航行安全和船舶的正常作业,均要严格落实值班制度。值班制度涵盖了航行值班、锚泊值班以及港内值班等不同情形,本节主要介绍甲板部船员在航行及锚泊期间的值班安排和职责要求。

一、商船船员值班概述

在实际工作中,商船船员值班主要分为:

1. 航行值班

航行值班包括船舶在开放海域行驶期间的各级轮值。航行值班要求值班人员对船舶周围环境保持持续监控,并严格执行船舶设备及仪器的定期检测,以保障行驶过程中能及时发现和处理突发状况。

2. 停泊值班

停泊值班包括锚泊值班和港内值班。无论在何种停泊状态下,值班人员都必须保持高度警觉,保持与外界、海事管理部门的联络,确保锚泊状态下船舶安全及在港内区域内避免碰撞和其他事故的发生。

下面重点讲述甲板部人员的航行值班及锚泊值班。

二、航行值班

1. 时间分配

在航行值班中,为确保每个时段均有专人关注船舶动态,驾驶台的值班安排通常采用轮值制度。具体安排如下:

大副：负责 0400—0800 和 1600—2000 两个班次。

二副：负责 0000—0400 和 1200—1600 两个班次。

三副：负责 0800—1200 和 2000—2400 两个班次。

在每个值班班次中，除了指定的值班驾驶员外，还需安排一名专门的瞭望人员，以便在必要时提供辅助观察。多名值班人员通过轮换，可以确保全天候对船舶进行监控和操作，避免因人员疲劳导致安全隐患。

2. 航行值班职责

在航行过程中，值班驾驶员及其他相关人员要严格履行各自职责，以确保船舶运行安全。主要职责和要求包括：

（1）连续值守

值班驾驶员必须始终待在驾驶台，不得随意离开。若船长未明确指示交由其他人替代其安全责任，则驾驶员需全权负责船舶航行安全。

（2）设备检查与维护

①定期检查舵机系统，确保通过手动操舵或自动舵能保持船舶在正确航向上行驶。

②至少每班测定一次标准罗经误差，在改变航向后也要重新测定；同时需与陀螺罗经及复示仪进行核对，发现误差较大时应及时报告船长。

③每班至少测试一次自动舵的手动操作功能，以便在必要时迅速切换控制模式。

④检查所有航行灯、信号灯及其他导航和安全设备，保证设备状态正常，确保设备故障不会引起意外。

⑤保持无线电设备的正常运行并严格值守通信频道，确保能及时传达并接收重要信息。

（3）信息传递与记录

①值班人员必须及时、准确地传达上级或船长所发出的所有指示和信息，并确保全体值班人员明确当前处境及可能需要采取的应急措施。

②航海文书的记录也是值班工作的重要内容，所有相关操作、仪表检查和突发状况应及时记载，为事故调查及回溯提供依据。

三、锚泊值班

当船舶处于锚泊状态时，值班制度虽与航行状态有相似之处，但也需关注停泊时的特殊情况。锚泊值班的时间安排与航行值班大致相同，但在人员配置上，可以根据实际需要适当调整，以保证船舶始终有人监控。锚泊值班的重点包括以下几方面：

（1）船舶状态监控

①值班人员不仅要持续关注船舶是否出现"走锚"现象，还需要检查船舶缆系及其他固定装置是否牢固可靠。

②必须随时留意船舶周围水域的动态，包括其他锚泊船只以及靠近行驶船舶的情况。

（2）环境因素监控

①定期了解并判断潮汐、水流、水深和底质状况，及时掌握潮汐变化对船舶锚泊安全的影响。

②关注气象条件，尤其是风、浪、流的变化情况，以便提前采取调整措施避免意外。

（3）内部状况监控

值班人员还应关注本船货物、旅客状态及安全设施的状况，确保所有设备和人员安置到位，防止突发事故发生。

（4）联络与信息更新

①保持 VHF 守听，及时获取港口及海事管理部门发出的警报和信息。

②对电子海图、AIS 等设备上的信息保持关注，注意判断外部环境变化。

通过严格、科学的值班安排与明确的责任分工，商船能够在各个航行阶段实现对船舶周围环境的有效监控，提升海上交通的安全性。

思考题：

1. 简述航行值班期间驾驶员为保证船舶安全航行必须完成的关键任务，以及这些任务对航行安全的重要性。

2. 商船锚泊值班时应重点关注哪些方面？

第四节　商船海上避让操纵

一、商船的常用避让操纵方法

在海上行驶过程中，商船经常遇到需要紧急避让其他船只或障碍物的情况。有效的避让操纵不仅关系到本船的安全，还关系到周围船只的航行安全。商船的避让操纵方法主要包括大舵角转向、紧急停车以及大舵角转向并紧急倒车等。这些方法各有优劣，应根据船舶类型、当前速度、航行环境及船舶操纵性能做出合理选择。

1. 大舵角转向

如图 1-4-1 所示，大舵角转向是各种船舶紧急避让时经常采用的一种方法，是指高速前进中的船舶通过转向避让，在缩短前冲距离的同时，由于旋回中船舶斜航阻力迅速增大而降低船速的操纵方法。该法的优点在于操纵方便，无须机舱操作，船舶可以根据当时的局面决定旋回的方向，而且由于旋回中船舶斜航阻力迅速增大，降速时间也相对较短。

图 1-4-1　大舵角转向

2. 紧急停车

紧急停车(Crash Stop)是指前进中的船舶通过停车达到船舶降速的目的。由于大型船舶惯性大,单位排水量所分摊的主机功率低,制动功率相对较小,所以变速机动操纵呆笨,停船性能差。大型船舶在紧急避让的情况下,无论从需要的时间,船舶前冲的距离,还是船舶需要的水域各方面来讲,紧急停车制动法都不是首要选择。

3. 大舵角转向并紧急倒车

在航海实践中紧急避让时,许多船长和驾驶员会用到此种操纵进行避让,特别是在中、小型船上。

二、商船的避让操纵特点

1. 舵角控制与回舵操作

商船在海上转向避让时,一般先采用较大舵角进行初步的紧急转向,通常操舵角在15°左右。在形成避让趋势后,驾驶员需要及时回舵,以免船舶发生过度旋转或偏离安全航道。某些超大型油船,受限于单台发电机负荷限制,可能不宜在正常航行时频繁使用大舵角,因此在避让时可能存在舵效不尽理想的问题。

2. 惯性与操纵局限

大型商船由于排水量大、惯性强,在转向时前冲距离往往较长,反移量明显。这就要求驾驶员在采取避让措施时必须提前判断,及时操作。舵效差和惯性大使得大型船舶在短时间内难以实现快速有效的避让,因此在遇到危险时,需要与其他船舶保持足够距离,以免形成危险的交叉碰撞局面。

3. 船间效应与水动力影响

船舶航行中会产生明显的船行波,其后方波浪不断向外传播。靠近大型船舶行驶的小船(如渔船)容易受到船行波的影响,产生横摇、稳性衰减,甚至可能因受浪损影响而倾覆。此外,船首和船尾因水位上升形成排斥力,而船体中部附近则产生吸引作用。渔船如果离商船太近,便可能受到这种船间效应的干扰,从而增加碰撞风险。

4. 自然环境的制约

自然环境(风、流、浪等)在避让操纵中也起到关键作用。复杂的气象条件和海况变化会加大操控难度,使得紧急避让时船舶的响应出现滞后。因此,船员除了熟练掌握各项操纵方法外,还需时刻关注天气和海况的变化,提前做出预判和防范。

商船的海上避让操纵要综合考虑船舶自身的操纵特性、外界海况以及其他船舶的动态信息。大舵角转向、紧急停车及其组合方法各有优势和局限,合理的避让操作既需要丰富的理论知识,又要求驾驶员在实践中通过经验积累不断提高应急处理能力。只有在充分理解各方法特点及外部环境影响后,驾驶员才能在紧急情况下迅速做出正确判断,从而保障本船及其他船只的航行安全。

思考题：

1. 比较大舵角转向、紧急停车以及大舵角转向并紧急倒车这几种避让操纵方法的适用范围。

2. 讨论船间效应产生的原因。在紧急避让过程中，驾驶员应如何规避船间效应以保证船舶安全？

第五节　中国沿海商船习惯航线及 AIS 大数据轨迹

一、中国沿海商船习惯航线

中国沿海商船习惯航线主要划分为北方沿海航区、南方沿海航区，一般以福建省厦门为界。

1. 北方沿海航区

北方沿海航区是指由厦门以北至鸭绿江口的区域。该区域以内沿海大型港口城市为中心，如上海、大连，主要服务港口有秦皇岛、天津、烟台、青岛、连云港、宁波等。

常见的航线包括：

（1）上海—青岛—大连线。

（2）上海—烟台—天津线。

（3）上海—秦皇岛线。

（4）上海—连云港线。

（5）大连—天津线。

2. 南方沿海航区

南方沿海航区是指由厦门以南至北仑河口的区域。该区域以广州为航运中心，主要服务港口有厦门、汕头、湛江、海口等

常见的航线包括：

（1）广州—汕头线。

（2）广州—北海线。

（3）广州—湛江线。

此外，在沿海中小港口之间也存在较为繁忙的航线。这些航线不仅承担货物运输任务，同时也承担部分客运业务，并起到大港转运与集散物资的作用。为了直观展示中国沿海商船的航行情况，取 2022 年 9 月某时间点总吨位 10 000 及以上在航船舶 AIS 轨迹，如图 1-5-1 所示。

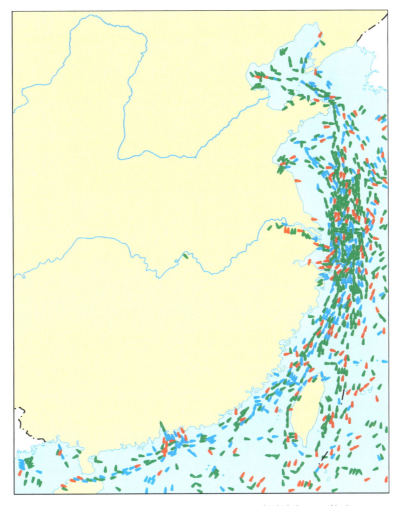

图 1-5-1　中国沿海总吨位 10 000 及以上在航商船 AIS 轨迹

由图 1-5-1 可以看出,我国沿海区域商船活动频繁,船舶 AIS 轨迹非常密集。渔业船舶船员在捕捞作业中,应熟悉我国沿海商船习惯航路,尤其 AIS 数据密集区域为商船往来繁忙航路,应尽量避免在该区域进行捕捞作业,减少商船与渔船会遇的机会。或者在渔场和航线交叉重叠水域上作业过程中,渔业船舶应按规定配备并正常值守甚高频电话,加强值班瞭望,保持足够的戒备。

二、中国沿海 AIS 大数据轨迹

船舶自动识别系统简称 AIS,是一种可以在海事安全及通信中应用的助航系统。该系统不需要通过雷达探测,便可获得相关的水上交通信息。AIS 可实时接收岸台和其他船舶发出的信息,如图 1-5-2 所示,根据接收的信息对其他船舶的船位、船速、航行状态等具体情况进行识别,并对船舶进行自动跟踪监控,及时将跟踪监控信息发送到装置 AIS 设备的船舶和岸台,实现数据信息的实时更新与交换。

图 1-5-2　船舶 AIS 信息

　　随着现代科学技术的发展,现代技术能够利用相关算法对 AIS 数据进行处理而获得船舶交通流的时空分布,某一水域内所有船舶运动路线的空间分布称为船舶航迹分布。航迹分布在一定程度上反映了某水域的交通拥挤程度和危险程度。从航迹分布可以了解船舶会遇的大致情况,包括船舶会遇地点、会遇形势(局面)和会遇率等,从而可以掌握船舶的碰撞危险程度,如图 1-5-3 所示。

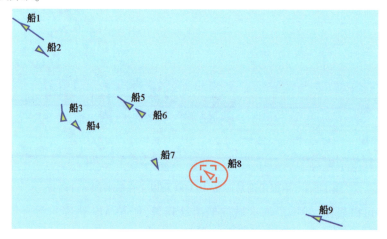

图 1-5-3　船舶 AIS 会遇判断示例

思考题:

1. 中国北方沿海航区和南方沿海航区的主要航线有哪些?
2. 讨论 AIS 大数据在海上交通管理中的应用价值。

第二章　渔船概述

　　本章是渔船概述部分,介绍了我国沿海渔船的相关情况,详细介绍了我国沿海捕捞作业使用的渔具、渔船作业方式和规律、渔船值班情况以及我国沿海的渔区和渔场等内容。本章目的是希望让商船驾驶员和相关从业人员熟悉我国沿海渔船活动情况和涉及商渔船避碰的相关内容。

第一节　渔船、渔具

一、渔船

　　渔船是专门用于从事渔业生产或为水产系统提供渔业生产服务的船舶,包括捕捞船、养殖船、水产运销船、冷藏加工船等。图 2-1-1 展示了我国沿海常见的渔船类型与外形。

图 2-1-1　渔船

　　截至 2021 年年末,我国渔船总数 52.08 万艘,总吨位 1 001.58 万。其中,机动渔船数量 35.70 万艘,总吨位 977.48 万;而非机动渔船 16.39 万艘,总吨位仅 24.10 万。在机动渔船中,用于生产的渔船 34.23 万艘,总吨位 862.47 万,辅助渔船 1.47 万艘,总吨位 115.00 万。我国渔船在数量上居世界首位,约占全球渔船总数的 1/4。

我国渔船存在如下特点:小型渔船数量多,大型渔船较少;木质渔船较多,而钢质渔船较少;老旧渔船比例较高,新造渔船偏少,全国海洋渔船船龄普遍偏高,船龄 10 年以上的渔船占 60.8%;沿岸渔船多,远海渔船较少;渔船燃油生产性成本高,目前燃油成本已占捕捞总成本近 70%。

二、渔具

用于水域(包括内陆和海洋)中直接捕捞水产经济动物的工具统称为渔具。我国渔船作业时常用的渔具可分为 12 类:刺网类、围网类、拖网类、地拉网类、张网类、敷网类、抄网类、掩罩类、陷阱类、钓具类、耙刺类、笼壶类。

(一)刺网类

刺网类渔具按作业方式可分为定置刺网、漂流刺网、包围刺网和拖曳刺网等 4 种,如图 2-1-2 至图 2-1-7 所示。

1. 定置刺网

根据作业水层不同,定置刺网又分为浮刺网(图 2-1-2)和底刺网(图 2-1-3)。

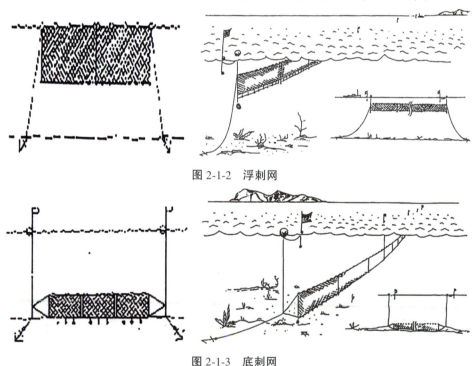

图 2-1-2 浮刺网

图 2-1-3 底刺网

2. 漂流刺网

如图 2-1-4 所示,漂流刺网是刺网渔具中数量最多,使用最广的渔具。

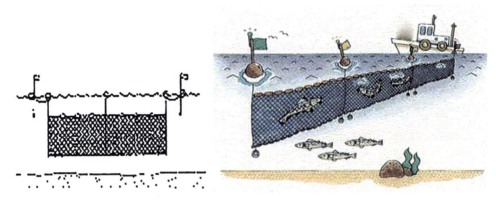

图 2-1-4　漂流刺网

3.包围刺网

包围刺网如图 2-1-5 所示。

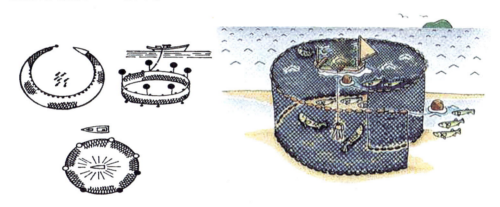

图 2-1-5　包围刺网

4.拖曳刺网

拖曳刺网如图 2-1-6 所示。

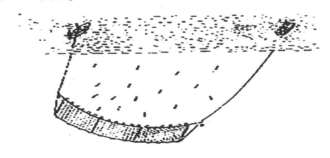

图 2-1-6　拖曳刺网

(二)围网类

围网类,按作业船数分为单船、双船和多船,按结构分为有囊、无囊,如图 2-1-7 和图 2-1-8 所示。

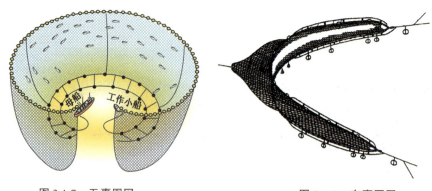

图 2-1-7　无囊围网　　　　　　　　　　图 2-1-8　有囊围网

（三）拖网类

拖网类,按作业船数和作业水层,分为单船表层、单船中层、单船底层,双船表层、双船中层、双船底层和多船等 7 种,如图 2-1-9 和图 2-1-10 所示。

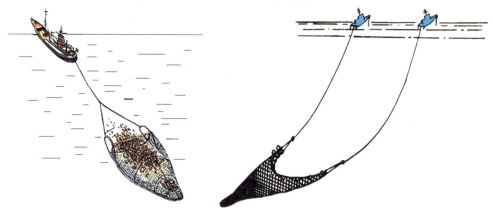

图 2-1-9　单拖网作业　　　　　　　　图 2-1-10　双船拖网作业

（四）地拉网类

地拉网类,如图 2-1-11 所示,按结构分为有翼单囊、有翼多囊、单囊、多囊、无囊和桁杆等 6 种。

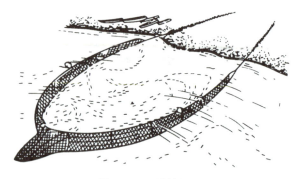

图 2-1-11　地拉网

（五）张网类

常见的张网结构如图 2-1-12、图 2-1-13 所示，张网类单片张网的表示法与单片刺网相同，有翼单囊张网的表示法与有翼拖网相同。

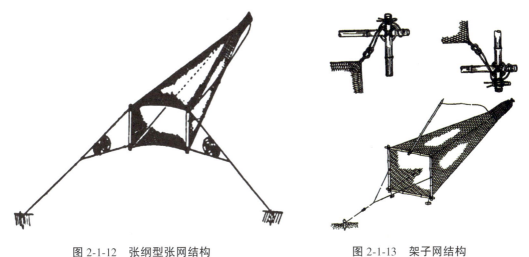

图 2-1-12　张纲型张网结构　　　　　图 2-1-13　架子网结构

（六）敷网类

如图 2-1-14、图 2-1-15 所示，敷网类按结构分为箕状、撑架等 2 种。

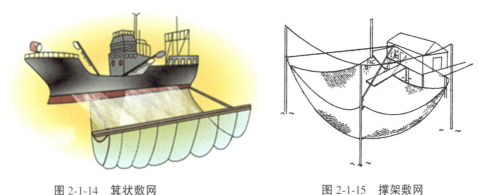

图 2-1-14　箕状敷网　　　　　图 2-1-15　撑架敷网

（七）抄网类

抄网类由网囊（兜）、框架和手柄组成，以舀取方式作业的网具为兜状，如图 2-1-16 所示。

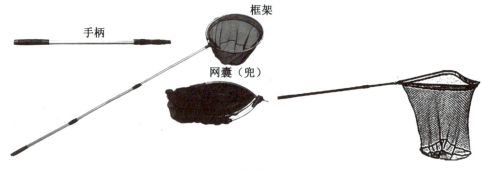

图 2-1-16　抄网

（八）掩罩类

掩罩类按作业方式分为抛撒（如图 2-1-17）、撑开、扣罩和罩夹等 4 种。

图 2-1-17　抛撒掩罩

（九）陷阱类

陷阱类按结构分为插网、建网和陷阱等 3 种，如图 2-1-18、图 2-2-19 和图 2-1-20 所示。

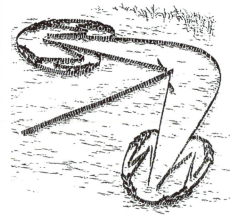

图 2-1-18　插网　　　　　　　　　　　图 2-1-19　建网

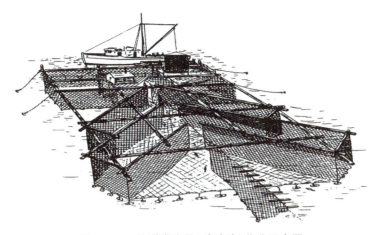

图 2-1-20　陷阱类渔具 (迷魂阵) 作业示意图

（十）钓具类

钓具类是用钓线结缚装饵料的钩、卡或直接缚饵引诱捕捞对象吞食的渔具。钓具类按结构分为真饵单钩、真饵复钩、拟饵单钩、拟饵复钩、无钩、弹卡等 6 个类型，如图 2-1-21、图 2-1-22 所示。

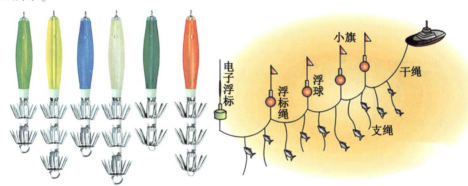

图 2-1-21　真饵复钩

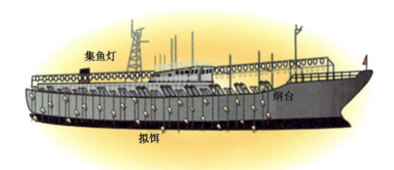

图 2-1-22　拟饵复钩渔船

(十一)耙刺类

耙刺类是利用耙刺进行捕捞作业的渔具,如图 2-1-23 所示。

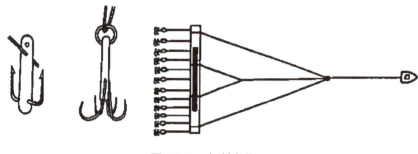

图 2-1-23　耙刺渔具

(十二)笼壶类

笼壶类是利用笼壶状器具,引诱捕捞对象进入而捕获的渔具,如图 2-1-24 所示。

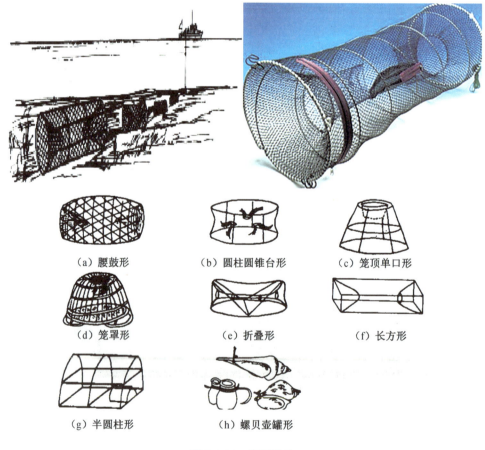

（a）腰鼓形　　　　（b）圆柱圆锥台形　　　　（c）笼顶单口形

（d）笼罩形　　　　（e）折叠形　　　　（f）长方形

（g）半圆柱形　　　　（h）螺贝壶罐形

图 2-1-24　笼壶渔具

思考题:

1. 我国渔船的规模、船舶材质以及船龄结构特点有哪些?
2. 我国渔船作业中常用的渔具有哪些?

第二节　渔船作业方式及规律

一、渔船作业方式

渔船在海上进行捕鱼作业时,主要采用以下作业方式:拖网、围网、流网(刺网)、张网和钓具。这些作业方式各具特点,对渔船的航行操控和避碰安全提出了不同的要求。

(一)拖网作业

拖网船分单拖和双拖。单拖船网具达 1 000 m 以上,双拖船网具也在 900 m 以上,拖网时渔船航速在 3~6 kn,渔网往往会装有小旗或快闪的灯标,但是在海上不容易辨认和避让。

1. 双船对拖作业

双船对拖是两艘渔船在合适的距离内共同拖一挂渔网进行捕鱼,如图 2-2-1 所示。拖网长度达 600~1 000 m,网具入水较深,正常海况条件下拖网航速约 2~4 kn。通过尾部钢丝缆的方向判断渔网位置,渔船在收网和放网时,夜间要开启甲板照明灯,渔民群集甲板忙碌工作。双船对拖作业特点及避让建议如表 2-2-1 所示。

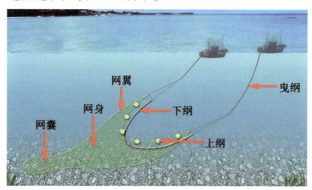

图 2-2-1　双船对拖作业示意图

表 2-2-1　双船对拖作业特点及避让建议

1. 作业特点	2. 避让建议
(1)拖网长度可达 600~1 000 m。	(1)严禁从对拖渔船中间通过。
(2)拖网作业渔船航速约 2~4 kn。	(2)与对拖渔船尾部保持 1 n mile 以上距离。
(3)通过尾部钢丝缆方向判断渔网位置	(3)与对拖渔船舷侧保持 0.5 n mile 以上距离

2. 单拖作业

单拖作业是由一艘渔船单独拖曳一挂渔网进行捕捞,如图 2-2-2 所示。单拖作业分为尾拖和舷拖,一般拖网航速 3 kn 以上,最高可达 5 kn。单拖作业特点及避让建议如表 2-2-2所示。

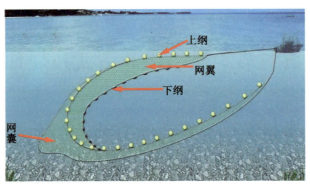

图 2-2-2 单拖作业示意图

表 2-2-2 单拖作业特点及避让建议

1. 作业特点	2. 避让建议
(1)一艘渔船单独拖曳一挂网。	(1)对尾拖渔船要与渔船尾部保持 1 n mile 以上距离。
(2)分为尾拖和舷拖。	(2)对单舷拖渔船要避让其拖网的一舷。
(3)作业时渔船航速可达 3~5 kn	(3)渔船收放网时航向航速多变,要特别注意避让

(二)流网作业

流网作业是将网垂直展开立于水中。网具长度很长,一般在 1 n mile 以上,甚至达5 n mile。网具上设有网位仪、浮标和小旗,夜间网端小旗杆上挂有电池闪光灯。渔船船头系于流网的下风端,船首向就是流网延伸的方向,如图 2-2-3 所示。流网作业特点及避让建议如表 2-2-3 所示。

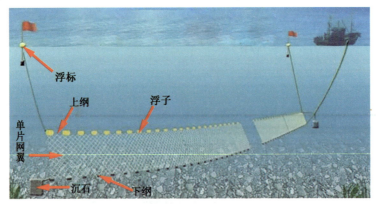

图 2-2-3 流网作业示意图

表 2-2-3　流网船作业特点及避让建议

1. 作业特点	2. 避让建议
(1) 网具长度一般在 1 n mile 以上。 (2) 船首方向一般是流网的延伸方向。 (3) 网具上设有浮标和小红旗等标识物	避让流网作业渔船时应距离流网最后一个浮标 0.5 n mile 以上距离通过

流网作业是在有风的天气下顺风放网,在无风的天气下横流向放网。在网放好后,船、网随风漂流,网在船首方向,在起网时迎风浪操作。河口或港湾附近的小渔船动力大部分为 30~80 kW 不等,长度大部分为 10~20 m,通信、导航设备简陋。该种渔船船员一般缺乏必要的瞭望和戒备。个别渔船在不作业时不开灯,在看到有船经过时才开灯。

(三)围网作业

围网作业是采用巨大的长带网包围鱼群。网的上纲有浮子,下纲有坠子。围网作业分为探测鱼群、灯光诱鱼、施放围网和收网围捕等不同阶段,如图 2-2-4 所示。

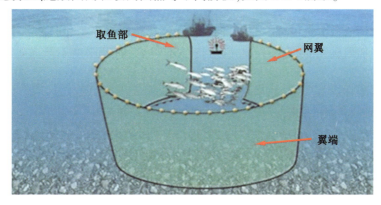

取鱼部　网翼　翼端

图 2-2-4　围网作业示意图

围网船的网具较大,放网、收网时用舢板或灯船进行,这就是我国沿海常见的"子母船"。围网作业通常在鱼群集中、船只密集水域。现代型的围网作业经常是几艘船协作进行,采取灯光诱捕,灯船灯光十分明亮,网船灯光暗淡,网具更大,一般网上有浮标、急闪灯、小旗等。

(四)张网作业

张网作业是用渔船抛锚的方法或用其他的架、桩及舵等将网固定住,利用潮流或海流将网张开,鱼随急流进入网内而不能返回,等待流缓时取鱼,如图 2-1-12 及图 2-1-13 所示。张网作业多在近岸水域进行,也有在沿海流急的海岬等水域进行。

二、渔船作业特点

(1) 网具的不可侵犯性。网具对于渔民来说,是价值高昂的生产工具,是他们的命脉。

（2）渔船在捕鱼作业时操纵能力受到限制，一般不会避让商船，除非万不得已。

（3）渔船易疏于瞭望。渔船驾驶员少，不仅负责驾驶船舶，而且负责捕鱼作业指挥和关键设备的操作。因工作劳累，驾驶员在航行中往往疏于瞭望。

（4）渔船驾驶员对渔船与商船间的态势判断与商船驾驶员有较大偏差。由于渔船船型小、驾驶台低、导航设备差，驾驶员对周围环境难以做出全面、充分的估计。

（5）目前，许多渔船上安装的船用 VHF 和渔业对讲机，主要用于协调渔船之间的作业。渔船驾驶员没有联系商船协调避让的习惯。

（6）渔船经常不按避碰规定显示或不显示号灯、号型，不按规定鸣放声响信号。

思考题：

1. 讨论不同作业方式的渔船在实际操作中如何影响其避碰能力。

2. 应如何改善渔船驾驶员的工作习惯，以提升渔船的避碰能力？

第三节　渔船值班

渔船驾驶员的值班大致可分为航行、捕捞作业和锚泊值班等 3 种形式，是渔船驾驶员的主要工作内容。渔船驾驶员责任心不强、值班责任不明确、值班制度不严谨等，造成很多交通事故。

一、渔船值班的特点

1. 渔船通信导航设备较为落后，渔船船员沟通能力不强

多数渔船的船长在 24 m 以下，其配备的通信导航设备相对落后，大量渔船没有配备电子海图、雷达系统，且其配备的 VHF 与其他船舶无法进行正常的 VHF 通信。而且，渔船驾驶员英语表达能力较弱，常用方言沟通，甚至不会说普通话，因此商船对渔船的发现和识别存在一定的困难，且难以用 VHF 进行沟通。

2. 渔船船员文化程度较低，规则意识不强

由于渔船船员文化程度较低，对于避碰规则缺乏系统性学习和理解，在与其他船会遇局面时会认为自己始终是直航船，因此采取的行动缺乏有效性，容易造成碰撞危险。而且，他们很多时候不能按照规定显示号灯、号型。

3. 渔船作业强度大，影响渔船值班

渔民经过休渔期，一旦开海就忙于创收，夜以继日；捕捞作业跨度时间长，作业强度大；渔船船员作息不规律，特别是在夜间航行时，因疲劳而容易忽略海上环境风险的存在。

4. 渔船船员值班不规范

渔船有"抢船头"的习惯，尤其是在商渔船会遇频繁的渔船密集区。渔船船员对商船的操纵性能不了解，且有时存在一些迷信思想，在和商船会遇时，经常会做出"抢"过商船船头的

行为。

二、渔船值班要求

(一)渔船航行值班

1. 对船长的要求

(1)在渔船离港前,船长应主持研究本航次与航行有关的航海资料,制订安全可靠的航行计划,航行中应尽可能实施预定的航行计划。

(2)船长应当保证:

①所有值班人员必须由持有相应适任证书的职务船员担任。

②除航行值班人员外,其他人员不得随意进入驾驶室。

③所有值班人员上岗前必须经过充分休息,不能因值班人员疲劳而影响航行安全。

④在航行期间值班人员不得饮酒。

⑤不得安排正在值班的值班人员从事与值班无关的事项。

(3)当遇到恶劣天气、视距不良、船只密集或航近危险物对驾驶员可能有额外要求时,可适当增加值班人员。

(4)船长应保证船舶在停港或航行期间,机舱始终有轮机人员值班,严格服从驾驶台的指令。在发现机舱有影响航行安全和可能污染海洋的问题时,值班轮机员要立刻通知驾驶台。

(5)在渔船出航前,船长应提前通知轮机长。轮机长接到指令后,应立即通知机舱和机电人员到位,并按照各自分工对机械设备、燃料、备件、工具等进行检查,开航前 1 h 备好车并通知船长。

2. 对值班人员的要求

(1)值班前不允许饮酒,值班中严禁进行娱乐或从事其他影响值班效果的工作。

(2)值班驾驶员、轮机员必须按要求,及时和如实记录航海日志、渔捞日志、轮机日志;航海日志、渔捞日志和轮机日志记载的内容必须与船舶实际动态相符。

(3)在任何时候,驾驶室内必须有人值班,并在整个值班时间内保持正规瞭望,不能在担任瞭望的同时兼做其他与瞭望有冲突的工作,例如长时间观察探鱼仪、阅读书报、资料文件等;在夜间航行时,驾驶台和有碍值班人员瞭望的灯光要进行管制。

(4)值班期间应保持正规瞭望,包括下列内容:

①利用视觉、听觉和其他一切有效手段,持续地保持警惕状态,细心观察周围情况、海面漂浮物、周围环境,包括附近陆标和船舶动态等。

②密切观测周围船舶相对方位的变化和动态。

③正确辨别各种船舶灯光信号,核实浮标编号、灯标性质与岸灯等。

④观察天气变化、风情、波浪,特别是能见度的变化等。

⑤及时观察雷达,正确利用雷达进行导航、避让。

⑥正确使用海图,了解周围海面是否有危及航行安全的危险存在。

(5)在值班期间,应充分使用一切可用的助航仪器、陆标和各种定位方法确定船位;值班驾驶员必须熟悉使用各种渔捞设备、航行安全设备,包括救生、消防设备、探鱼仪、各种无线电导航仪器、号灯、号型及声号器具,并进行检查保证安全可靠。

(6)及时修正风压差、流压差,进行航迹推算,对船舶的船位、航向和速度,要根据当时的海上情况选择适当时间间隔(最长不应超过1 h)进行核对,以确保船舶沿着计划航线航行。

(7)负责值班的驾驶员应充分了解船上所有安全和航行设备的放置地点和操作方法,了解舵和螺旋桨的控制性能及船舶操纵特性等,并应了解在使用时它们应注意的问题。

(8)在值班时,要严格遵守规则,充分估计局面(如碰撞、搁浅或其他航行危险),处理好避让关系。

(9)值班人员在进行海图作业、观察雷达和记录航海日志时,必须先认真扫视周围海面确信在此期间没有航行危险迫近时,方可进行上述工作。在进行上述工作时,应当在尽可能短的时间内完成。

(10)船舶进出港口、靠离码头、航经狭水道、船舶密集区、冰区、能见度不良或临近航行障碍物时,船长应在驾驶台亲自指挥,并可派专人到驾驶台协助瞭望;若值班驾驶员对执行航行职责没有十分把握时,则应立即招请船长到驾驶台。

(11)发现遇难的船舶和飞机、遇难人员、沉船和海上漂浮物等,要通知船长或岸台并采取相应措施。

(12)值班人员还应了解由于特殊的作业环境可能产生的对航行值班人员的特别要求。

(13)值班中有下列情况之一时,值班驾驶员应立即报请船长及时处理:

①能见度恶化,值班驾驶员感到无把握时。

②对维持原航行计划感到有困难时。

③在预定的时间内未能看到应看到的导航标志或发现标志不对、对船位无把握时。

④航行在船只密集区或复杂水道,值班驾驶员感到没有把握时。

⑤接到报告或调度命令,渔场有变化需要改变航行计划时。

⑥遇到网具故障或拖网遇障碍时。

⑦主机、舵机或重要导航设施之一发生足以影响正常航行的故障时。

⑧避让中对来船动态、航行中对航区情况、渔捞作业中对渔捞形势障碍物等存有任何怀疑时。

3. 对船长和值班人员的共同要求

(1)渔船航行和作业时,只有船长或值班驾驶员才有权下达舵令;操舵员接到命令后要复诵舵令,执行完舵令后要报告;值班驾驶员接到报告后要回答。命令、复诵、报告和回答要清楚响亮。

(2)驾驶台应保持卫生、整齐、安静,所有与航行有关的物品,都应放置在固定位置上,以便取用。

(3)船长和值班人员应有良好的职业道德,遇有海难事故时,在不危及本船安全的情况下,应全力进行救助。

(4)船长和值班人员应遵守国际、国内有关法律、法规、规章和当地港口港章的有关规定,并应采取一切可能的预防措施,防止污染海洋。

4. 交接班要求

(1)交接班必须按时并提前10 min在驾驶室内进行。接班人员应头脑清醒,视力调节到适应当时光线环境。

（2）交接班时，必须交清以下内容：

①船位、拖网与放网时间、航向、拖向、拖速、流速、风速、风压差、流压差等。

②各种助航、助渔仪器的使用情况。

③对拖网的主、副船或围网船和灯光船之间的动态、周围船舶的动态。

④看到或即将看到的岛屿、航标、水面障碍物及海图标注的附近暗礁、沉船、水中障碍物等情况。

⑤天气与海况变化。

⑥航标的识别，下一班可能遇到的危险及有关注意事项的建议。

⑦船长布置的且下一班应知道的事项，航行计划的变化和航海警告、通告等。

（3）值班驾驶员遇有下列情况不得交班：

①当班驾驶员正在采取避让措施时。

②正在进行起、放网捕捞作业时。

③值班驾驶员发现接班人员身体、精神状态或其他任何问题无法有效履行值班任务时。

④没有找到转向目标或没有确定精确的船位时。

⑤接班人员没有完全理解交班内容时。

⑥在交接班过程中不免除原值班人员的值班责任。

（二）捕捞作业值班

（1）拖网渔船作业时，应由船长、船副轮流值班，助理船副执行短程转移渔场时的值班；在围网船航测鱼群时，船长、船副、助理船副轮流值班。不论何种作业方式，起放网时应由船长值班。

（2）在拖网作业、围网带网头寻找鱼群及灯诱过程中，值班驾驶员应做好以下工作：

①拖网渔船值班时要控制网档，与对船之间保持信号或高频电话机联系，调整拖速，注意网势，保持船舶处于正常拖曳状态。

②在拖网时，应计算风流，按计划调整拖向，使船舶处在中心渔场。

③单拖渔船应随时探测水深，调整曳纲长度，保持网板最大张角。

④周围渔船在起网或灯诱过程中，应用探照灯向网具方向照射，防止他船干扰作业。

（3）渔船在进行捕捞作业时，值班驾驶员除应考虑"航行值班"所规定的内容外，还应考虑下列因素并正确地采取行动：

①船舶操纵性能，尤其是停船距离、航行和拖带渔具作业时的回转半径。

②甲板上船员的安全。

③因捕捞作业、渔获物装卸和积载、异常海况和天气状况等而产生的外力对船舶安全带来的不利影响；以及稳性和干舷的降低对渔船安全带来的不利影响。

④附近海上建筑物的安全区域、沉船和其他危及渔具的水下障碍物。

⑤在装载渔获物时，应注意在整个航行期间内都应留有充分的干舷、保持渔船稳定性和水密性，还应考虑燃料和备用品的消耗、可能遇到的异常天气状况和甲板连续结冰可能导致的危险。

（4）值班驾驶员应观察收听渔情动态与电文，提供给船长以为掌握渔场中心做参考。

(5)值班驾驶员应随时掌握网位,不得进入禁区,严格遵守《中华人民共和国水产资源繁殖保护条例》。

(6)严格执行规则和我国颁布的《渔船作业避让规定》进行作业避让,积极防止渔捞事故。

(三)锚泊值班

(1)锚泊后要根据规则的要求,正确显示号灯、号型和鸣放声号,同时密切注意周围船舶的动态,在遇有可能迫近的危险时,要按规则的规定发出声、光信号。

(2)在合适的海图上定出船位,并须经常通过观察水深或岸上及固定目标方位来检查船舶是否有走锚现象。

思考题:

讨论如何从操纵性能、作业状态和协同观察等方面确保渔船在捕捞作业值班中的避碰安全。

第四节　中国沿海渔区及渔场

一、中国沿海渔区

我国具有世界排名第四长的海岸线,总长度约 1.8 万 km。在中国漫长的海岸线上,渔区分布极为广泛。中国沿海渔区从方位上可以分为三大渔区,即东、黄海渔区,南海渔区和闽粤交界海域渔区。随着近年来中国沿海实行伏季休渔制度,这些渔区的休渔期情况如下:

(1)东、黄海渔区:北纬 35°以北海域,休渔时间为每年的 7 月 1 日 12 时至 9 月 16 日 12 时,休渔作业类型为拖网和帆张网作业;北纬 35°～26°30′海域,休渔时间为每年的 6 月 16 日 12 时至 9 月 16 日 12 时,休渔作业类型为拖网(桁杆拖虾暂时除外)和帆张网作业;北纬 26°30′以南的东海海域,休渔时间为每年的 6 月 1 日 12 时至 8 月 1 日 12 时,休渔作业类型为拖网和帆张网作业。

(2)南海渔区:北纬 12°以北的南海海域(包括北部湾),休渔时间为每年的 6 月 1 日 12 时至 8 月 1 日 12 时,休渔作业类型为除刺网和笼捕外的其他所有作业类型。

(3)闽粤交界海域渔区:北纬 22°30′～23°30′、东经 117°～120°的闽粤交界海域,休渔时间为每年的 6 月 1 日 12 时至 8 月 1 日 12 时,休渔作业类型为除刺网和笼捕外的其他所有作业类型。

除按照上述类型划分外,就针对海洋捕捞业而言,渔区类型可以分为纯渔区、半渔区和非渔区。其定义和特点分别为:

(1)纯渔区是指那些世世代代以海洋捕捞业作为其生活和经济来源的地区。其特点是该地区的渔民基本上没有土地资源,以捕鱼为生。该区域的国民经济发展与海洋捕捞紧密相关,如海岛地区。

（2）半渔区是指介于纯渔区和非渔区之间的那些区域。其特点是既有海洋捕捞业，又有农业等其他行业，捕捞业在其国民经济发展中具有一定的地位，但不是最主要的。在该地区的渔民，可能既有土地资源，又可以从事捕捞作业。

（3）非渔区是指那些不以海洋捕捞业作为其生活和经济的主要来源，而是以农业（土地）作为其生产资料的地区。其特点是该地区的土地资源多，渔民生活在沿岸，基本上有自己土地资源和其他生产资料，就业的门路较多，海洋捕捞业在其国民经济中所占比重较低。

二、中国沿海渔场

（1）石岛渔场，如图 2-4-1 所示，地处黄海南北要冲，是多种经济鱼虾类洄游的必经之地，同时也是黄海对虾、小黄鱼越冬场之一和鳕鱼的唯一产卵场。该渔场渔业资源丰富，为我国北方海区的主要渔场之一。主要渔期：10 月至翌年 6 月。捕捞对象：鲱鱼、鲆鲽类、鲐鱼、马鲛、鳓鱼、小黄鱼、黄姑鱼、鳕鱼、带鱼、对虾、枪乌贼等。对虾和小黄鱼如图 2-4-2 所示。

图 2-4-1　石岛渔场

图 2-4-2　对虾和小黄鱼

（2）大沙渔场，如图2-4-3所示，位于吕四渔场的东侧，是多种经济鱼虾类产卵、索饵和越冬的场所，也是黄海优良渔场之一，适合拖网、流刺网、围网和帆式张网作业。主要渔期：9月至翌年3月。捕捞对象：海鳗、黄姑鱼、小黄鱼、带鱼、鲳鱼、鳓鱼、鲐鱼、鲹类、太平洋褶柔鱼、剑尖枪乌贼和虾类等。海鳗和黄姑鱼如图2-4-4所示。

图2-4-3　大沙渔场

图2-4-4　海鳗和黄姑鱼

（3）吕四渔场，如图2-4-5所示，位于江苏省南通市和盐城市的东部。其南面是长江口渔场，北面是海州湾渔场，东面是大沙渔场。吕四渔场的总面积约9 000平方海里，约合3万平方千米。吕四渔场是多种名贵水产品的繁殖和摄饵的优良渔场。主要渔期：10月至翌年6月。历史上吕四渔场是著名的大黄鱼产卵渔场，大黄鱼年产量曾经高达8万多吨，还是大黄鱼、小黄鱼、银鲳鱼、灰鲳鱼、带鱼、鱿鱼、章鱼、三疣梭子蟹、海蜇、安康鱼、各种虾类、文蛤、西施舌、毛蚶、海螺等的重要渔场。大黄鱼如图2-4-6所示。银鲳鱼和金鲳鱼如图2-4-7所示。

图2-4-5　吕四渔场

图 2-4-6　大黄鱼

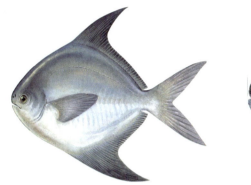

图 2-4-7　银鲳鱼和灰鲳鱼

（4）舟山渔场,如图 2-4-8 所示,位于杭州湾以东,长江口东南的浙江东北部,面积约
5.3 万平方千米,以大黄鱼、小黄鱼、带鱼和墨鱼(乌贼)四大经济鱼类为主要渔产。舟山渔场
是中国最大的近海渔场,与俄罗斯的千岛渔场、加拿大的纽芬兰渔场、秘鲁的秘鲁渔场齐名。
渔民习惯按各作业海域,把舟山渔场划分为大戢渔场、嵊山渔场、浪岗渔场、黄泽渔场、岱衢渔
场、中街山渔场、洋鞍渔场和金塘渔场。渔场的中心基地位于嵊山。渔场因受我国台湾暖流和
沿岸寒流的交汇影响,饵料丰富,为当地的水生动物提供了很好的物质环境。带鱼和乌贼如图
2-4-9 所示。

图 2-4-8　舟山渔场

图 2-4-9　带鱼和乌贼

(5)闽东渔场,如图 2-4-10 所示,位于福建省北部近海,面积约为 16 600 平方海里,我国的钓鱼岛海域属于闽东渔场和台北渔场。主要渔期:等周年生产。闽东渔场是多种经济鱼虾类产卵、索饵、越冬的良好场所,以群众渔业为主,主要作业类型有对拖网、单拖网、灯光围网、底层刺网、灯光敷网和钓等。主要捕捞对象:海蜇、梭子蟹、鲵、舵鲣、毛虾、带鱼、大黄鱼、短尾大眼鲷、绿鳍马面鲀、白姑鱼、鲳鱼、鳓鱼、蓝点马鲛、竹荚鱼、鲨鱼、蓝圆鲹、鲐鱼、乌贼、黄鳍马面鲀等。海蜇和梭子蟹如图 2-4-11 所示。

图 2-4-10　闽东渔场

图 2-4-11　海蜇和梭子蟹

(6)台湾浅滩渔场,如图 2-4-12 所示,位于我国台湾海峡南部,面积约为 9 500 平方海里。受制于黑潮支梢、南海暖流和闽浙沿岸水的影响,该渔场温度、盐度分布呈现东高西低,南高北低的格局,使渔场终年出现多种流隔,有利于捕捞。台湾浅滩的渔产丰富,种类繁多,有鲣鱼、黑鲳鱼、龙虾、海菜、斑节虾、草虾、石斑鱼、海胆、九孔螺、鳗、黑珍珠贝、文蛤、嘉腊鱼、石花鱼、鲷鱼、乌贼等。鲣鱼和黑鲳鱼如图 2-4-13 所示。

图 2-4-12　台湾浅滩渔场

图 2-4-13　鲣鱼和黑鲳鱼

（7）珠江口渔场，如图 2-4-14 所示，是我国南海近海的重要渔场之一。渔场内岛屿众多。渔场所处的外海水和珠江冲淡水交汇区，含有大量的营养物质，使众多浮游生物繁殖生长，成为生物活动的密集中心，构成优越的渔场环境，是拖网、拖虾、围网、刺网、海钓作业渔场。主要渔期：12 月至翌年 4 月，2 月至 3 月为旺汛，主要捕捞对象：蓝圆鲹、金色小沙丁鱼、真鲷、鲐鱼、竹荚鱼和金线鱼等。蓝圆鲹如图 2-4-15 所示。金色小沙丁鱼和黄鲷如图 2-4-16 所示。

图 2-4-14　珠江口渔场

图 2-4-15　蓝圆鲹

图 2-4-16　金色小沙丁鱼和真鲷

思考题：

1. 我国沿海主要有哪些渔场？各渔场的休渔期分别是什么时间？

2. 结合我国沿海各主要渔场的情况，讨论如何通过科学规划渔业作业区域和休渔制度，减少渔船与商船的碰撞风险。

第三章　船舶信号

　　海上航行船舶通过显示不同的船舶信号可以让他船了解本船的船舶种类、尺度、动态和工作性质等。正确显示船舶信号对船舶的海上安全航行和作业有重要的作用。无论商船还是渔船船舶驾驶员,均应该熟悉船舶信号相关内容,以便在实际工作中能识别他船信号和正确显示本船信号,并能通过识别船舶信号迅速准确地判明会遇船舶的状态,以避免碰撞危险。

第一节　船舶信号介绍

一、船舶信号的作用

　　船舶信号是用来表示船舶的存在,并可用来判断船舶的种类、大小、动态和工作性质等信息的号灯和号型。船舶信号除了表明船舶的存在外,还向其他船舶传达以下信息:
　　(1)表明船舶的动态,如舷灯和艉灯表示在航。
　　(2)表明船舶的种类,如垂直红白红三盏环照灯和球菱球号型表示操纵能力受到限制。
　　(3)表明船舶的工作性质,如拖带灯表示正在从事拖带作业。
　　(4)表明船舶的大小,如仅显示一盏桅灯的机动船长度小于50 m。
　　船舶信号是互见中船舶避碰的主要信息来源,可作为会遇船舶判断碰撞危险的依据,通过观察来船的航向、两船构成的会遇格局来判断是否存在碰撞危险;在避让操纵中可帮助评估避碰效果,通过观察他船号灯的变化,可进一步了解船舶所采取的操纵行动以及避让意图,并可查核双方避让行动的有效性。船舶驾驶员应全面掌握《1972 年国际海上避碰规则》(以下简称《规则》)第三章规定的各种种类和不同尺度的船舶在不同状态下应显示的船舶信号,以及《规则》附录一对船舶信号的位置及技术细节所做的规定,以便能够正确显示和识别船舶信号,并迅速准确地判明他船的船舶种类、尺度、动态或工作性质以及两船的会遇局面。

二、船舶信号的使用规定

1.《规则》第二十条规定"本章条款在各种天气中都应遵守"

由《规则》第二十条,任何船舶在各种天气中都应遵守《规则》第三章关于船舶信号的各项规定,即无论天气、能见度情况和海况如何,任何船舶均应显示相应的船舶信号。根据这一要求,船员应该经常检查船舶信号是否正常显示,当船舶信号发生损坏时,应立即予以修复,以恢复显示。只有在恶劣天气条件下,恢复工作会危及修复人员的人身安全时,才可以暂缓修复,但应该将"停止显示的时间及未能修复的原因"记入航海日志。

2. 船舶信号的显示时间

《规则》第二十条2款、3款规定,显示号灯的时间应该包括:

(1)从日没到日出应该显示。

(2)能见度不良时从日出到日没应显示。

(3)其他一切认为有必要的情况下可显示。

"必要的情况"通常是指晨昏蒙影期间、能见度良好但由于各种原因天色较暗时的白天以及能见度不良水域附近等情况。

船舶号灯如图 3-1-1 所示。

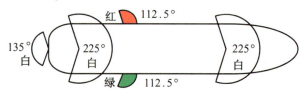

图 3-1-1　船舶号灯

3. 不应显示的灯光

根据《规则》第二十条2款规定,在显示号灯期间,下列灯光不应显示:

(1)会被误认为《规则》规定的号灯的灯光,如驾驶台下方窗口朝前的室内灯光等。

(2)会削弱号灯的能见距离或显著特性的灯光,如甲板灯或者生活区照明灯等。

(3)会妨碍正规瞭望的灯光,如驾驶台内的照明灯或海图室灯光等。

4. 号型的悬挂时间

根据《规则》第二十条4款规定,"有关号型的各条规定,在白天都应遵守"。此处的白天包括:从日出到日没、日出前及日没后的晨昏蒙影时间。同时显示号灯和号型的时间应为能见度不良的白天、日出前和日没后的晨昏蒙影期间。

三、显示船舶信号的注意事项

每一船舶都应根据《规则》规定,正确显示船舶信号。在显示船舶信号时应注意以下各点:

1. 开航前应当检查和测试各号灯能否正常显示,并记入航海日志;有关开关号灯的时间应当记入航海日志。

2.船舶驾驶员在正常航行的值班期间应经常检查号灯的显示情况,若发现损坏或者熄灭,则应及时更换和修复,交接班时应告知接班驾驶员号灯是否正常工作。

(3)航行中发现来船,应及时检查本船的号灯是否正常显示。

(4)注意检查本船有无其他会被误认为或者干扰号灯特性的灯光,如有,应及时处理。

(5)不得显示不符合本船情况的船舶信号,如果主机故障失控,应显示失去控制的船舶信号,但是主机故障排除,应及时关闭失控信号,并显示正常的船舶信号。

四、船舶信号相关概念

(1)"桅灯"是指安置在艏艉中心线上方的白灯,在225°的水平弧内显示不间断的灯光,其装置要使灯光从船的正前方到每一舷正横后22.5°内显示。

(2)"舷灯"是指右舷的绿灯和左舷的红灯,各在112.5°的水平弧内显示不间断的灯光,其装置要使灯光从船的正前方到各自一舷的正横后22.5°内分别显示。长度小于20 m的船舶,其舷灯可以合并成一盏,装设于艏艉中心线上。

(3)"艉灯"是指安置在尽可能接近船尾的白灯,在135°的水平弧内显示不间断的灯光,其装置要使灯光从船的正后方到每一舷67.5°内显示。

(4)"拖带灯"是指具有与本条3款所述"艉灯"相同特性的黄灯。需要时,它设置于艉灯的垂直上方。

(5)"环照灯"是指在360°的水平弧内显示不间断灯光的号灯。

(6)"闪光灯"是指每隔一定时间以每分钟120次或120次以上的频率闪光的号灯。

(7)船舶号型,是指白天表明船舶状态的信号,常见船舶号型包括球形、圆锥形、圆柱形和菱形等,如图3-1-2所示。

球形　　　　圆锥形　　　　圆柱形　　　　菱形

图 3-1-2　船舶号型

思考题:

1.船舶信号在船舶避免碰撞方面起到了哪些作用?

2.显示错误或不规范的船舶信号可能给船舶避碰带来哪些隐患?

第二节　商船应显示的号灯、号型

一、在航机动船

1. 在航机动船应显示,如图 3-2-1 所示:

(1) 在前部一盏桅灯。

(2) 第二盏桅灯,后于并高于前桅灯;长度小于 50 m 的船舶,不要求显示该桅灯,但可以这样做。

(3) 两盏舷灯。

(4) 一盏艉灯。

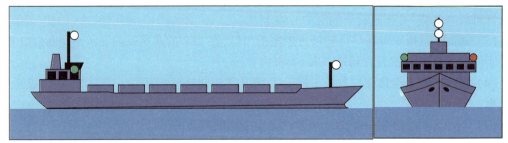

$L \geqslant 50\ \text{m}$

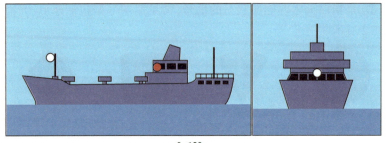

$L < 50\ \text{m}$

图 3-2-1　在航机动船

2. 气垫船在非排水状态下航行时,除本条 1 款规定的号灯外,还应显示一盏环照黄色闪光灯,如图 3-2-2 所示。

图 3-2-2　气垫船

3.除本条 1 款规定的号灯外,地效翼船只有在起飞、降落和贴近水面飞行时,才应显示高亮度的环照红色闪光灯,如图 3-2-3 所示。

图 3-2-3　地效翼船

4.(1)长度小于 20 m 的机动船,可以显示一盏环照白灯和舷灯以代替本条 1 款规定的号灯,如图 3-2-4 所示。

(2)长度小于 7 m 且其最高速度不超过 7 kn 的机动船,可以显示一盏环照白灯以代替本条 1 款规定的号灯。如可行也应显示舷灯,如图 3-2-4 所示。

(3)长度小于 12 m 的机动船的桅灯或环照白灯,如果不可能装设在艏艉中心线上,可以离开中心线显示,条件是其舷灯合并成一盏,并应装设在艏艉中心线上,或尽可能地装设在接近该桅灯或环照白灯所在的艏艉线处,如图 3-2-4 所示。

$L<12$ m

$L<7$ m且$v\leqslant7$ kn　　　　　$L<12$ m

图 3-2-4　机动船

二、拖带和顶推

1.机动船当拖带时应显示,如图 3-2-5 所示:

(1)垂直两盏桅灯,以取代《规则》第二十三条 1 款(1)项或 1 款(2)项规定的号灯。当从拖船船尾量到被拖物体后端的拖带长度超过 200 m 时,垂直显示三盏这样的号灯。

（2）两盏舷灯。

（3）一盏艉灯。

（4）一盏拖带灯垂直于艉灯的上方。

（5）当拖带长度超过 200 m 时,在最易见处显示一个菱形体号型。

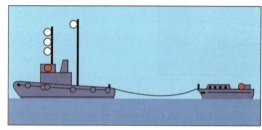 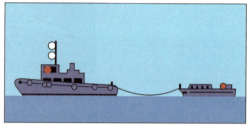

L≥50 m,拖带长度l>200 m   L<50 m,拖带长度l≤200 m

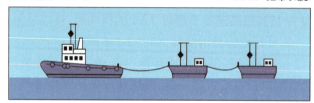

拖带长度l>200 m

图 3-2-5　机动船当拖带

2. 当一顶推船和一被顶推船牢固地连接成为一组合体时,则应作为一艘机动船,显示《规则》第二十三条规定的号灯,如图 3-2-6 所示。

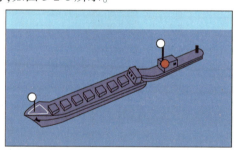

图 3-2-6　组合体

3. 机动船当顶推或旁拖时,除组合体外,应显示,如图 3-2-7 所示:

（1）垂直两盏桅灯,以取代《规则》第二十三条 1 款（1）项或 1 款（2）项规定的号灯。

（2）两盏舷灯。

（3）一盏艉灯。

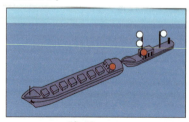 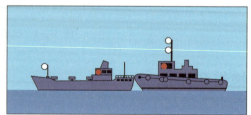

L≥50 m   L<50 m

图 3-2-7　机动船顶推时

4. 适用本条 1 和 3 款的机动船,还应遵守《规则》第二十三条 1 款(2)项的规定。

5. 除本条 7 款外,一艘拖船或被拖物体应显示:

(1)两盏舷灯。

(2)一盏艉灯。

(3)当拖带长度超过 200 m 时,在最易见处显示一个菱形体号型。

6. 任何数目的船舶如作为一组被旁拖或顶推时,应作为一艘船来显示号灯,如图 3-2-8 所示:

(1)一艘被顶推船,但不是组合体的组成部分,应在前端显示两盏舷灯。

(2)一艘被旁拖的船,应显示一盏艉灯,并在前端显示两盏舷灯。

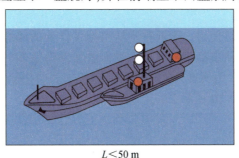

L<50 m

图 3-2-8　机动船旁拖时

7. 一艘不易觉察的、部分淹没的被拖船舶或物体或者这类船舶或物体的组合体应显示,如图 3-2-9 所示。

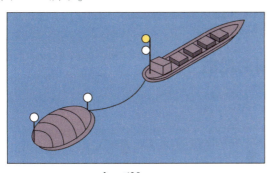

$b_{被拖}$<25 m

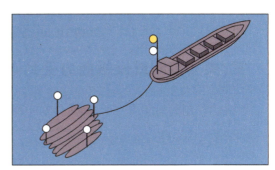

$b_{被拖}$≥25 m

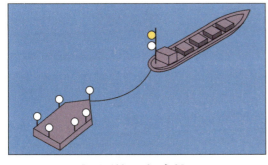

$L_{被拖}$>100 m, $b_{被拖}$≥25 m

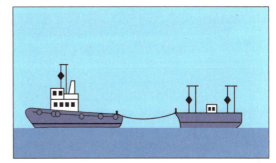

L>200 m

图 3-2-9　船舶或物体的组合体

（1）除弹性拖曳体不需要在前端或接近前端处显示灯光外,如宽度小于 25 m,在前后两端或接近前后两端处各显示一盏环照白灯。

（2）如宽度为 25 m 或 25 m 以上时,在两侧最宽处或接近最宽处,另加两盏环照白灯。

（3）如长度超过 100 m,在本款（1）和（2）项规定的号灯之间,另加若干环照灯,使得这些灯之间的距离不超过 100 m。

（4）在最后一艘被拖船舶或物体的末端或接近末端处,显示一个菱形体号型,如果拖带长度超过 200 m 时,在尽可能前部的最易见处另加一个菱形体号型。

8. 凡由于任何充分理由,一被拖船舶或物体不可能显示本条 5 或 7 款规定的号灯或号型时,应采取一切可能的措施使被拖船舶或物体上有灯光,或者至少能表明这种船舶或物体的存在。

9. 凡由于任何充分理由,使得一艘通常不从事拖带作业的船舶不可能按本条 1 或 3 款的规定显示号灯,这种船舶在从事拖带另一遇险或需要救助的船舶时,就不要求显示这些号灯,但应采取如《规则》第三十六条所准许的一切可能措施来表明拖船与被拖船之间关系的性质,尤其应将拖缆照亮,如图 3-2-10 所示。

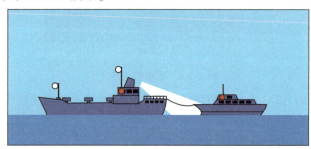

图 3-2-10　从事拖带作业的船舶

三、失去控制或操纵能力受到限制的船舶

1. 失去控制的船舶应显示,如图 3-2-11 所示:

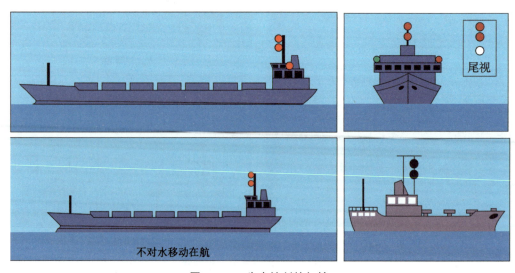

不对水移动在航

尾视

图 3-2-11　失去控制的船舶

（1）在最易见处，垂直两盏环照红灯。

（2）在最易见处，垂直两个球体或类似的号型。

（3）当对水移动时，除本款规定的号灯外，还应显示两盏舷灯和一盏艉灯。

2. 操纵能力受到限制的船舶，如图3-2-12所示，除从事清除水雷作业的船舶外，应显示：

（1）在最易见处，垂直三盏环照灯，最上和最下者应是红色，中间一盏为白色。

（2）在最易见处，垂直三个号型，最上和最下者应是球体，中间一个为菱形体。

（3）当对水移动时，除本款（1）项规定外，还应显示桅灯、舷灯和艉灯。

（4）当锚泊时，除本款（1）和（2）项规定的号灯或号型外，还应显示第三十条规定的号灯或号型。

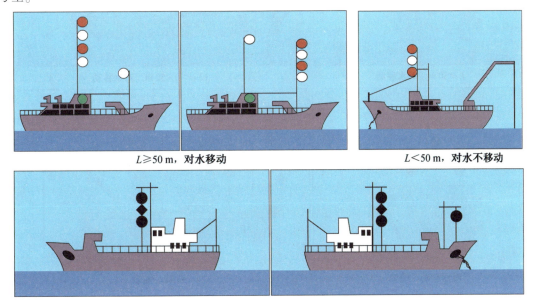

图 3-2-12　操纵能力受到限制的船舶

3. 从事一项使拖船和被拖物体双方在驶离其航向的能力上受到严重限制的拖带作业的机动船，除显示《规则》第二十四条1款规定的号灯或号型外，还应显示本条2款（1）项和（2）项规定的号灯或号型，如图3-2-13所示。

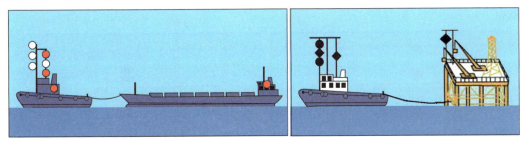

图 3-2-13　从事拖带而不能偏离航向的机动船

4. 从事疏浚或水下作业的船舶，当其操纵能力受到限制时，应显示本条2款规定的号灯或号型。此外，当存在障碍物时，还应显示，如图3-2-14所示：

（1）在障碍物存在的一舷，垂直两盏环照灯或两个球体。

（2）在他船可以通过的一舷，垂直两盏环照绿灯或两个菱形体。

（3）当锚泊时，应显示本款（1）和（2）项规定的号灯或号型以取代《规则》第三十条规定的号灯或号型。

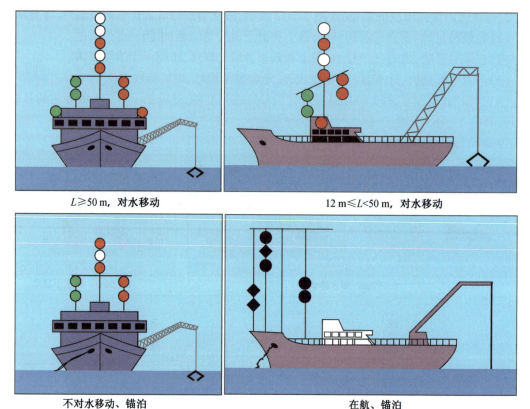

L≥50 m，对水移动

12 m≤L<50 m，对水移动

不对水移动、锚泊

在航、锚泊

图 3-2-14　从事疏浚或水下作业的船舶

5. 当从事潜水作业的船舶尺度使之不可能显示本条 4 款规定的号型时，如图 3-2-15 所示，则应显示：

（1）在最易见处，垂直三盏环照灯。最上和最下者应是红色，中间一盏应是白色。

（2）一个国际信号旗"A"的硬质复制品，其高度不小于 1 m，并应采取措施以保证周围都能见到。

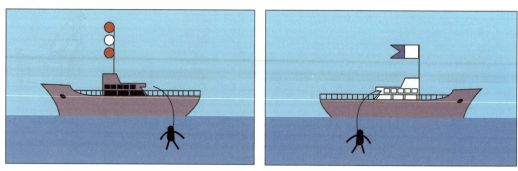

图 3-2-15　从事潜水作业的船舶

6. 从事清除水雷作业的船舶，除《规则》第二十三条为机动船规定的号灯或《规则》第三十条为锚泊船规定的号灯或号型外，还应显示三盏环照绿灯或三个球体，如图3-2-16所示。这些号灯或号型之一应在接近前桅桅顶处显示，其余应在前桅桁两端各显示一个。这些号灯或号型表示他船驶近至清除水雷船1 000 m以内是危险的。

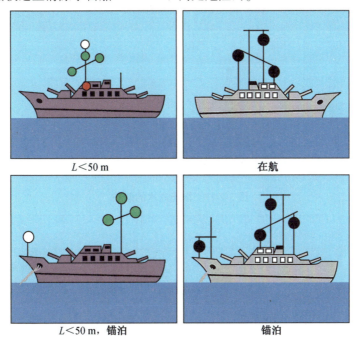

图 3-2-16　从事清除水雷作业的船舶

7. 除从事潜水作业的船舶外，长度小于12 m的船舶，不要求显示本条规定的号灯和号型。

8. 本条规定的信号不是船舶遇险求救的信号。

四、限于吃水的船舶

限于吃水的船舶，除《规则》第二十三条为机动船规定的号灯外，还可在最易见处垂直显示三盏环照红灯，或者一个圆柱体，如图3-2-17所示。

五、锚泊船舶和搁浅船舶

1. 锚泊中的船舶应在最易见处显示，如图3-2-18所示：

(1) 在船的前部，一盏环照白灯或一个球体。

(2) 在船尾或接近船尾并低于本款(1)项规定的号灯处，一盏环照白灯。

2. 长度小于50 m的船舶，可以在最易见处显示一盏环照白灯，以取代本条1款规定的号灯。

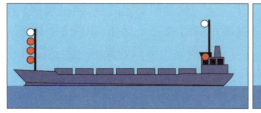
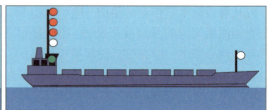

在航

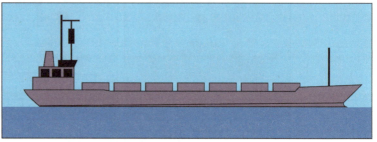

图 3-2-17　限于吃水的船舶

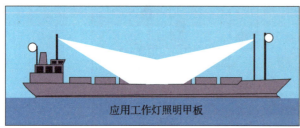

应用工作灯照明甲板

$L \geqslant 100$ m

还可用工作灯照明甲板

50 m$\leqslant L <$100 m

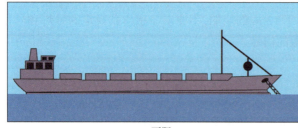

$L <$不限

还可用工作灯照明甲板

$L <$50 m

图 3-2-18　锚泊船

3. 锚泊中的船舶,还可以使用现有的工作灯或同等的灯照明甲板,而长度为 100 m 及 100 m 以上的船舶应当使用这类灯。

4. 搁浅的船舶应显示本条 1 或 2 款规定的号灯,并在最易见处外加,如图 3-2-19 所示:

(1)垂直两盏环照红灯。

(2)垂直三个球体。

5. 长度小于 7 m 的船舶,不是在狭水道、航道、锚地或其他船舶通常航行的水域中或其附近锚泊时,不要求显示本条 1 和 2 款规定的号灯或号型。

6. 长度小于 12 m 的船舶搁浅时,不要求显示本条 4 款(1)和(2)项规定的号灯或号型。

$L \geqslant 50$ m　　　　　　　　　　　　　　　　12 m $\leqslant L < 50$ m

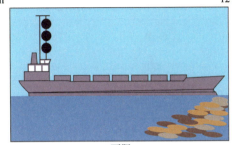

L不限

图 3-2-19　搁浅船

思考题：

1. 阐述不同船舶状态下的号灯和号型显示要求，并讨论驾驶员如何通过来船信号的变化，快速判断来船动态。

2. 讨论小型船舶（如船长小于 12 m）应采取哪些措施，确保在复杂航行环境中能被他船准确识别，从而有效避免碰撞。

第三节　渔船应显示的号灯、号型

《规则》明确规定，从事捕鱼的船舶，不论在航还是锚泊，只应显示《规则》第二十六条规定的号灯或号型。船舶不从事捕鱼时，不应显示本条规定的号灯或号型，而只应显示为其同样长度的船舶所规定的号灯或号型。《规则》规定"从事捕鱼的船舶"，即使用使其操纵性能受到限制的渔具从事捕鱼的任何船舶。捕鱼作业方式可以分为拖网作业和非拖网作业两类。

一、拖网作业渔船

船舶从事拖网作业，即在水中拖曳爬网或其他用作渔具的装置时，应显示如图 3-3-1、图 3-3-2 所示号灯、号型：

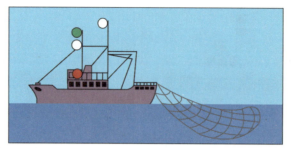

图 3-3-1　L≥50 m,对水移动

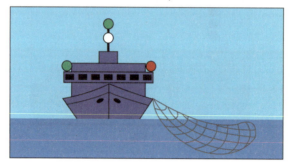

图 3-3-2　L<50 m,对水移动

（1）垂直两盏环照灯,上绿下白,或一个由上下垂直、尖端对接的两个圆锥体所组成的号型。

（2）一盏桅灯,后于并高于那盏环照绿灯;长度小于 50 m 的船舶,则不要求显示该桅灯,但可以这样做。

（3）当对水移动时,除本款规定的号灯外,还应显示两盏舷灯和一盏艉灯。

二、非拖网作业渔船

从事捕鱼作业的船舶,除拖网作业者外,非拖网作业的渔船应显示,如图 3-3-3、图 3-3-4、图 3-3-5 所示:

（1）垂直两盏环照灯,上红下白,或一个由上下垂直、尖端对接的两个圆锥体所组成的号型。

图 3-3-3　非拖网渔船

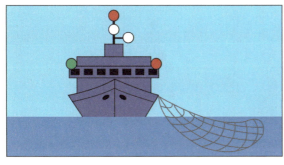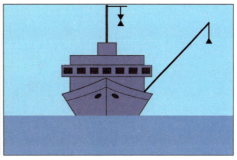

图 3-3-4　渔具外伸 l>150 m

（2）当有外伸渔具，其从船边伸出的水平距离大于 150 m 时，应朝着渔具的方向显一盏环照灯或一个尖端向上的圆锥体号型。

（3）当对水移动时，除本款规定的号灯外，还应显示两盏舷灯和一盏艉灯。

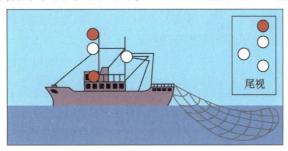

图 3-3-5　渔具外伸 l>150 m，对水移动

三、额外信号

本规则规定的额外信号适用于在其他捕鱼船舶邻近从事捕鱼的船舶。

（1）拖网渔船额外信号（图 3-3-6 至图 3-3-10）

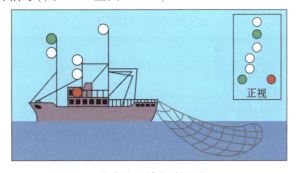

图 3-3-6　从事拖网捕鱼放网时，L≥50 m

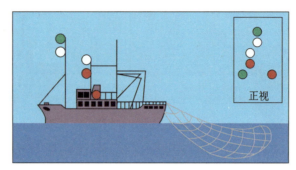

图 3-3-7　从事拖网捕鱼起网时，$L<50$ m

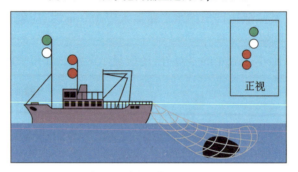

图 3-3-8　从事拖网捕鱼网挂住障碍物时，$L<50$ m

图 3-3-9　对拖

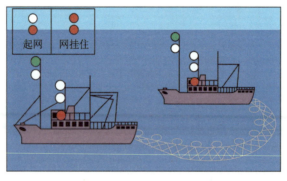

图 3-3-10　对拖放网(起网、网挂住)

（2）围网渔船额外信号（图 3-3-11）

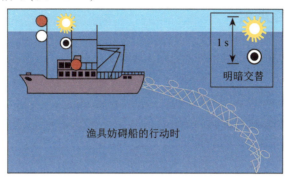

图 3-3-11　围网渔船额外信号

思考题：

1. 比较拖网作业渔船与非拖网作业渔船在显示号灯和号型上的规定差异。

2. 除了拖网作业渔船外，从事捕鱼作业的非拖网渔船应显示哪些号灯？

第四节　声响和灯光信号

一、定义

1. "号笛"（Whistle）一词，指能够发出规定笛声并符合《规则》附录三所载规格的任何声响信号器具。

2. "短声"（Short Blast）一词，指历时约 1 s 的笛声。

3. "长声"（Prolonged Blast）一词，指历时 4~6 s 的笛声。

二、声号设备

1. 长度为 12 m 或 12 m 以上的船舶应配备一个号笛，长度为 20 m 或 20 m 以上的船舶，除了号笛以外还应配备一个号钟，长度为 100 m 或 100 m 以上的船舶，除了号笛和号钟以外还应配备一个号锣。号锣的音调和声音不可与号钟相混淆。号笛、号钟和号锣应符合《规则》附录三所载规格。号钟、号锣或二者均可用与其各自声音特性相同的其他设备代替，只要这些设备随时能以手动鸣放规定的声号。

2. 长度小于 12 m 的船舶，不要求备有本条 1 款规定的声响信号器具。如不备有，则应配置能够鸣放有效声号的其他设备。

三、操纵和警告声号

1. 当船舶在互见中,在航机动船按《规则》条款准许或要求进行操纵时,应用号笛发出下列声号表明之:

——一短声表示"我船正在向右转向"。

——二短声表示"我船正在向左转向"。

——三短声表示"我船正在向后推进"。

2. 在操作过程中,任何船舶均可用灯号补充本条1款规定的笛号,这种灯号可根据情况予以重复:

(1)这些灯号应具有下列意义:

——一闪表示"我船正在向右转向"。

——二闪表示"我船正在向左转向"。

——三闪表示"我船正在向后推进"。

(2)每闪历时约1 s,前后信号的间隔应不少于10 s。

(3)如设有用作本信号的号灯,则应是一盏环照白灯,其能见距离至少为5 n mile,并应符合《规则》附录一所载规定。

3. 在狭水道或航道内互见时:

(1)一艘企图追越他船的船应遵照第九条5款(1)项的规定,以号笛发出下列声号表示其意图:

——二长声继以一短声表示"我船企图从你船的右舷追越"。

——二长声继以二短声表示"我船企图从你船的左舷追越"。

(2)将要被追越的船,当按照第九条5款(1)项行动时,应以号笛依次发出下列声号表示同意:

——一长、一短、一长、一短声。

4. 当互见中的船舶正在互相驶近,并且不论由于何种原因,任何一船无法了解他船的意图或行动,或者怀疑他船是否正在采取足够的行动以避免碰撞时,存在怀疑的船应立即用号笛鸣放至少五声短而急的声号以表示这种怀疑。该声号可以用至少五次短而急的闪光来补充。

5. 船舶在驶近可能被居间障碍物遮蔽他船的水道或航道的弯头或地段时,应鸣放一长声。该声号应由弯头另一面或居间障碍物后方可能听到它的任何来船回答一长声。

6. 若船上所装几个号笛,其间距大于100 m,则应只使用一个号笛鸣放操纵和警告声号。

四、能见度不良时使用的声号

在能见度不良的水域中或其附近时,不论白天还是夜间,本条规定的声号应使用如下:

1. 机动船对水移动时,应以每次不超过2 min间隔鸣放一长声。

2. 机动船在航但已停车,并且不对水移动时,应以每次不超过2 min的间隔连续鸣放二长声,二长声间的间隔约2 s。

3. 失去控制的船舶、操纵能力受到限制的船舶、限于吃水的船舶、帆船、从事捕鱼的船舶,以及从事拖带或顶推他船的船舶,应以每次不超过 2 min 的间隔连续鸣放三声,即一长声继以二短声,以取代本条 1 或 2 款规定的声号。

4. 从事捕鱼的船舶锚泊时,以及操纵能力受到限制的船舶在锚泊中执行任务时,应当鸣放本条 3 款规定的声号以取代本条 7 款规定的声号。

5. 一艘被拖船或者多艘被拖船的最后一艘,若配有船员,则应以每次不超过 2 min 的间隔连续鸣放四声,即一长声继以三短声。当可行时,这种声号应在拖船鸣放声号之后立即鸣放。

6. 当一顶推船和一被顶推船牢固地连接成为一个组合体时,应作为一艘机动船,鸣放本条 1 或 2 款规定的声号。

7. 锚泊中的船舶,应以每次不超过 1 min 的间隔急敲号钟约 5 s。长度为 100 m 或 100 m 以上的船舶,应在船的前部敲打号钟,并应在紧接钟声之后,在船的后部急敲号锣约 5 s。此外,锚泊中的船舶,还可以连续鸣放三声,即一短、一长和一短声,以警告驶进的船舶注意本船位置和碰撞的可能性。

8. 搁浅的船舶应鸣放本条 7 款规定的钟号,若有要求,则应加发该款规定的锣号。此外,还应在紧急敲号钟之前和之后各分隔而清楚地敲打号钟三下。搁浅的船舶还可以鸣放合适的笛号。

9. 长度为 12 m 或 12 m 以上但是小于 20 m 的船舶,不要求鸣放本条 7 款和 8 款规定的声号。但如果不鸣放上述声号,则应鸣放他种有效的声号,每次间隔不超过 2 min。

10. 长度小于 12 m 的船舶,不要求鸣放上述声号,但如果不鸣放上述声号,则应以每次不超过 2 min 的间隔鸣放其他有效的声号。

11. 引航船当执行引航任务时,除本条 1、2 或 7 款规定的声号外,还可以鸣放由四短声组成的识别声号。

五、招引注意的信号

如有必要招引他船注意,任何船舶可以发出灯光或声响信号,但这种信号应不致被误认为本规则其他各条所准许的任何信号,或者可用不致妨碍任何船舶的方式把探照灯的光束朝着危险的方向。任何招引他船注意的灯光,应不致被误认为是任何助航标志的灯光。为此目的,应避免使用诸如频闪灯这样高亮度的间歇灯或旋转灯。

六、遇险信号

1. 下列信号,不论是一起或分别使用或显示,均表示遇险需要救助:

(1)每隔约 1 min 鸣枪或燃放其他爆炸信号一次。

(2)以任何雾号器具连续发声。

(3)以短的间隔,每次放一个抛射红星的火箭或信号弹。

(4)任何通信方法发出莫尔斯码…——…(SOS)的信号。

(5)无线电话发出"梅代"(MAYDAY)语言的信号。

(6)《国际信号规则》中表示遇险的信号 N. C.。

(7)由一面方旗放在一个环体或任何类似球形物体的上方或下方所组成的信号。

(8)船上的火焰(如从燃着的柏油桶、油桶等发出的火焰)。

(9)火箭降落伞式或手持式的红色突耀火光。

(10)放出橙色烟雾的烟雾信号。

(11)两臂侧伸,缓慢而重复地上下摆动。

(12)通过在下列频道或频率上发出的数字选择性呼叫(DSC)遇险警戒:

①甚高频第70信道,或

②2 187.5 kHz、8 414.5 kHz、4 207.5 kHz、6 312 kHz、12 577 kHz、或 16 804.5 kHz 频率上的中频/高频。

(13)船舶的 Inmarsat 或其他移动卫星业务提供商的船舶地球站发出的船到岸遇险警戒。

(14)紧急无线电示位标发出的信号。

(15)包括救生艇筏雷达应答器在内的无线电通信系统发出的经核准的信号。

2. 除为表示遇险需要救助外,禁止使用或显示上述任何信号以及可能与上述任何相混淆的其他信号。

3. 应注意《国际信号规则》《国际航空和海上搜寻救助手册》第Ⅲ部分的有关章节和下列信号:

(1)带有一个黑色正方形和圆圈或者其他合适的符号的一张橙色帆布(供空中识别)。

(2)海水染色标志。

思考题:

1. 分析在能见度不良情况下锚泊中的船舶应鸣放什么声号。

2. 讨论互见中的多船交会或信号混乱时,驾驶员应如何判断他船意图并采取避碰措施。

第四章　商渔船导助航及其他设备

常见的商渔船导助航设备有电子海图、雷达、AIS、GPS、VHF 通信设备等。本章介绍了商渔船应配备的导助航设备的特点、使用注意事项和各种设备在使用中的存在的问题等，重点介绍了相关设备的避碰功能等内容，还介绍了网位仪、渔船避碰系统等设备。其目的是让船舶驾驶员尤其是渔船驾驶员了解和熟悉海上航行船舶的导助航设备的配备和应用，注意船舶避碰中相关设备的规范使用，以保证航行安全。

第一节　电子海图

电子海图显示与信息系统（ECDIS）作为现代船舶导航的重要辅助工具，为航行安全提供了全新的数字化解决方案。通过将电子海图、GPS、雷达和 AIS 等多种设备无缝集成，ECDIS 不仅实现了高精度的实时定位，还可以自动记录航迹、规划航线并及时发出避碰预警。对于商船和渔船驾驶员来说，ECDIS 既减轻了传统纸质海图的操作负担，又大幅提升了对复杂海况的感知和决策能力，为确保安全、高效航行发挥着至关重要的作用。

一、电子海图介绍

在 20 世纪 70 年代到 80 年代，为减轻船舶值班驾驶员处理航用海图等工作负担，人们想到利用计算机将海图数字化，在纸质海图的基础上形成简单的电子海图并不断发展，逐渐与雷达、定位仪、计程仪、GPS、AIS 等各种船用设备和系统连接，组成电子海图航行信息系统，如图 4-1-1 所示。

ECDIS 是一种船舶辅助导航系统，它通过将数字化海图与外部设备（如 GPS、雷达、AR-PA、AIS 等）相连接，实现定位导航、航线规划、航迹记录及实时监视等功能，如图 4-1-2 所示。这种系统不仅提高了海图信息的传递速度，还能自动对比航行环境和计划航线，从而为船舶避碰和安全航行提供强有力的支持。

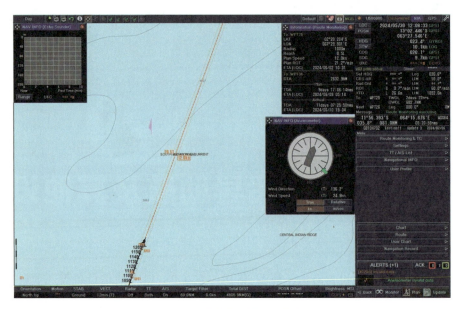

图 4-1-1　电子海图航行信息系统

图 4-1-2　电子海图显示与信息系统(ECDIS)

二、ECDIS 在船舶避碰中的应用

ECDIS 在现代航行中被广泛应用。其主要作用包括:

1.制订与规划航行计划

利用 ECDIS 内置的电子海图数据库,驾驶员可轻松制订海上航行计划,将各个航路点的经纬度依次输入系统进行航线规划,如图 4-1-3 所示。

2.航线监视和报警

ECDIS 能与 GPS 和 ARPA 系统无缝连接,实时更新船舶位置和航迹。当船舶偏离预定航线或接近障碍物时,系统会自动发出警报,提示驾驶员进行及时修正,从而有效防止碰撞事故的发生。

3. 航迹监控与事故调查

ECDIS 自动存储船舶航行的全部记录,当发生海难事故时,这些航迹数据可以作为事故调查的重要证据,为海事部门追查事故原因提供数据支持。

4. 雷达图像叠加

通过将雷达图像与电子海图叠加显示,ECDIS 使驾驶员能够在同一屏幕上同时查看船舶实际周边环境及电子海图信息,有效减小雷达杂波干扰,提升障碍物和目标船舶的辨识率,从而提高避碰能力。

图 4-1-3　ECDIS 的应用(一)

三、ECDIS 在避碰中使用的优缺点

(一)优点

1. 实时定位

ECDIS 通过与 GPS、雷达及 AIS 等设备的联动,能够准确、实时地显示船舶及周边物标的动态信息,为驾驶员提供明确的航行参考,如图 4-1-4 所示。

图 4-1-4　ECDIS 应用(二)

2. 完整的航迹记录

系统自动记录航行全过程,一旦事故发生,这些航迹数据可为海事处理与责任追究提供有力证据,如图 4-1-5 所示。

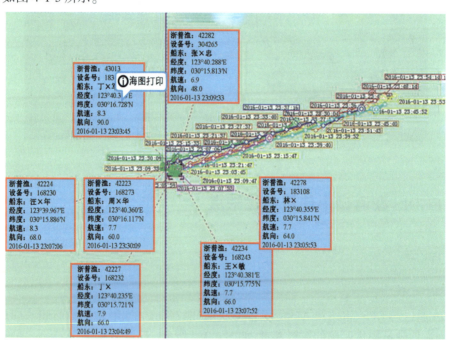

图 4-1-5　ECDIS 航迹记录

3. 不受突发天气影响

相比传统纸质海图,ECDIS 图像不受雨雪、雾霾等恶劣天气的影响,能够持续、准确地传递海域和船舶信息,如图 4-1-6 所示。

图 4-1-6　恶劣天气航行下的 ECDIS 图像

4. 直观显示动态信息

ECDIS 能非常直观地显示出两船到达最近会遇距离时的相对和绝对位置、航速、航向等数据,图形化地显示让驾驶员更容易理解的复杂航行态势,如图 4-1-7 所示。

图 4-1-7　ECDIS 的动态显示

(二)缺点

1. 设备易损与故障排除

ECDIS 作为电子设备,容易受到振动、海水侵蚀和其他环境因素的影响。ECDIS 若出现故障且不能及时排除,则会给船舶航行带来极大困难。因此,许多船舶通常配置两套 ECDIS 装置以保证功能正常。

2. 存在误差

因使用的坐标系不一致、数据更新延时、计算误差及人为操作错误等因素,ECDIS显示的定位与航迹信息难免存在一定误差,这需要驾驶员保持警觉并进行适时核对。

3. 需要定期更新

航行海域情况不断变化,如新沉船、海底障碍物、潮汐变化等信息需要及时在电子海图数据库中更新,否则可能因数据滞后导致避碰决策失误。

电子海图显示与信息系统(ECDIS)作为现代航行的核心辅助设备,通过与GPS、雷达、AIS等系统紧密集成,不仅实现了高精度的实时定位和航迹记录,还大大提升了航线规划、动态监控和避碰预警的能力。尽管ECDIS存在设备损坏、数据误差以及更新要求等不足,但其直观显示和多功能应用为商船和渔船驾驶员在复杂海况下提供了可靠的导航支持和安全保障,从而显著提高了海上避碰与航行安全水平。

思考题:

1. ECDIS在船舶避碰中有哪些应用?
2. 讨论ECDIS在船舶避碰中的优缺点。

第二节　雷达

雷达是利用电磁波探测目标的电子设备,是英文Radar的音译,为Radio Detection and Ranging的缩写,意为"无线电探测和测距",即用无线电的方法发现目标并测定它们的空间位置。因此,雷达也被称为"无线电定位"。

一、雷达的应用

(一)船舶定位

雷达主要通过发射和接收电磁波来测量目标与本船的距离和方位。在港口及近海作业中,利用雷达进行定位能够实现比传统测距方式更高的测向精度和定位速度。如图4-2-1所示,雷达可以快速捕捉到周边静止以及移动的物体,为船舶提供实时的位置信息,有助于船舶在复杂水域中准确辨识自身位置。

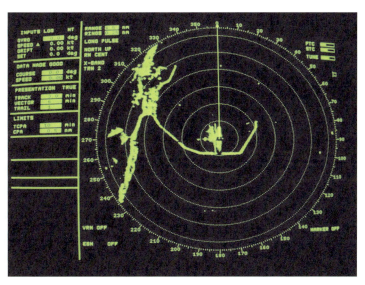

图 4-2-1　船舶在港口雷达定位图

（二）船舶引航

在较窄的水道航行时,雷达对船舶的引航不可或缺。雷达不仅能够显示出周边障碍物和岸边特征,而且能够显示出相对运动信息。通常,雷达显示系统提供"相对运动显示"和"真运动显示"两种模式,驾驶员可以根据实际需求选择合适的显示方式,从而实现精准的航向引导和安全通过狭窄水域。

（三）船舶避碰

1.雷达瞭望

在能见度低或夜间条件下,当传统视觉瞭望难以满足要求时,雷达能够自动扫描海面,帮助驾驶员发现远处或周围的船舶和障碍物,及时采取避碰措施。例如,在浓雾、雨、雪天气中,通过雷达瞭望可以弥补视觉不足,避免发生碰撞,如图 4-2-2 所示。

图 4-2-2　雷达设备协助瞭望

2.自动雷达标绘仪

自动雷达标绘仪通过跟踪探测到的回波信号,自动搜集和分析目标的运动要素,如航速、航向、最近会遇距离（DCPA）和最近会遇时间（TCPA）。借助 ARPA，驾驶员可以获得目标物体的动态预测，及时识别潜在的会遇危险区域，从而制定更为科学的避碰操纵方案。

自动雷达标绘仪（ARPA）通过对探测到的雷达发射器回波的跟踪、自动搜集、分析等进行雷达标绘；通过获取船舶航速、航向、DCPA 和 TCPA 等运动要素及可能的碰撞点来预测危险区。

二、雷达在避碰应用中的不足

尽管雷达系统在海上避碰中发挥着至关重要的作用，但其在实际应用中仍存在一些局限性和不足之处，主要包括：

1. 回波信号易被遮挡

在船舶结构中，大桅杆、烟囱或其他突出部件可能遮挡雷达波的传播，形成所谓的雷达阴影区。此时，即使附近存在其他船舶或障碍物，雷达也无法接收到足够的回波信号。为了解决这一问题，驾驶员应合理规划航向，对船舶进行适当转向，以便使雷达发射器能够扫描到因遮挡而无法显示的区域，如图 4-2-3 所示。

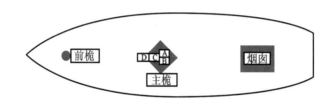

图 4-2-3　雷达发射器位置及遮挡物俯视图

2. 雷达瞭望盲区

每个雷达设备都有一个最小作用距离，即在此距离以内，雷达波无法有效传播。这个区域即为雷达瞭望盲区。雷达瞭望盲区的大小主要由雷达天线的安装高度及设备性能决定。雷达瞭望盲区内存在的目标可能无法被检测到，驾驶员需要额外依靠视觉、AIS 或其他监控设备来弥补这一缺陷。

3. 物标假回波

雷达回波不仅包括真实的目标信号，还可能接收到假回波。常见的假回波来源包括：

（1）气象因素：雨、雪、雾、海浪等自然现象产生的回波。

（2）噪声干扰：电磁噪声或海面杂波产生的虚假信号。

这些假回波如果出现在雷达显示屏上，容易导致驾驶员对实际情况产生误判，从而忽略真正的威胁目标。因此，驾驶员必须具备充分的雷达操作经验，学会区分真实与虚假回波，根据其他辅助信息（例如 AIS、视觉观察）进行确认，以避免因误判而导致避碰措施延误。

4. 雷达的信号处理和图像刷新延迟

在紧急避碰场景中，雷达的信号处理和图像刷新存在一定的延迟，而且对设备性能的依赖较高。雷达设备故障、校准不准确或使用不当，都可能影响驾驶员对周边动态的及时判断。因此,驾驶员除了依赖雷达信息外,还应通过视觉确认,保持高度警惕。

思考题:

1. 简述雷达在船舶定位、引航和避碰中的主要应用及其优势。
2. 讨论雷达在避碰时面临的主要不足,驾驶员如何采取措施以弥补这些不足。

第三节 AIS 和网位仪

AIS 中文名字叫自动识别系统(Automatic Identification System),是一种船舶导航设备,能增强船舶间避免碰撞的能力,能在电子海图上显示所有船舶可视化的航向、航线、船名等信息。AIS 采用船舶全球唯一编码体制,即海上移动业务识别(Maritime Mobile Service Identity,以下简称"MMSI")作为识别手段。每一艘船舶从开始建造到船舶解体,给予一个全球唯一的 MMSI 码。

一、AIS 的配备

1. AIS 的分类

AIS 可以分为 A、B 两类。关于 A 类 AIS 的配备,《SOLAS 公约》规定所有总吨位 300 及以上的国际航行船舶和总吨位 500 及以上的非国际航行船舶,以及不论尺度大小的客船,应按要求配备 1 台 A 类 AIS(但相关国际协定、规则或标准规定要保护航行信息的情况除外)。我国《国内航行海船法定检验技术规则》规定,所有客船和总吨位 500 及以上的货船应配备 1 台 A 级 AIS 设备,如图 4-3-1 所示。关于 B 类 AIS 的配备,我国《国内航行海船法定检验技术规则》规定国内海上航行的总吨位 500 以下货船应按要求配备 1 台 B 级 AIS 设备(或者 A 级 AIS),如图 4-3-2 所示。

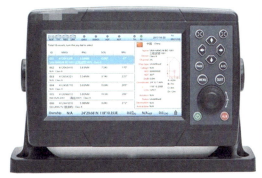

图 4-3-1 A 级船舶 AIS

图 4-3-2 B 级船舶 AIS

2. 两类 AIS 的区别

B 类 AIS 尽管不能完全满足 IMO 关于 AIS 基本性能要求,但是总体上两者的设备结构基

本一样,功能存在细微差别,具体表现在以下方面:

(1)报告速率比 A 类 AIS 低(比如同样 14 kn 航速的船舶,每 30 s 发送一次,而 A 类 AIS 每 10 s 发送一次)。

(2)不发送船舶预计到达时间(ETA)或目的港。

(3)不发送安全电文(但应能接收)。

(4)不发送船舶的转向率。

(5)不发送船舶的静态吃水。

(6)不发送 MMSI(但应能接收)。

3. 渔船上配备的 AIS 设备

为保护渔民生命财产的安全,我国研制出了适合渔船使用的避碰系统,称作 AIS-B 系统,也称作渔船避碰系统,具体介绍见本章第六节内容。

4. AIS 的功能

如图 4-3-3 所示,AIS 的功能有识别船只、导航、协助追踪目标、简化信息交流、通信以及提供其他辅助信息以避免碰撞发生。AIS 采用时分多址接入技术,自动广播和接收船舶静态信息、动态信息、航次信息和安全信息。通过信息交换,AIS 能够有效地完成船舶识别和避碰、导航,从而确保船舶的安全。

5. AIS 在避碰中的不足

(1)AIS 没有自主探测功能,仅能识别配有 AIS 设备的船舶并与之进行信息交换,无法识别未配备或开启 AIS 的船舶、碍航物等。

(2)AIS 信息存在更新延迟情况,静态信息通常每 6 min 更新一次,而动态信息与 AIS 种类和船舶动态有关,因此不可完全相信 AIS 提供的避碰信息。

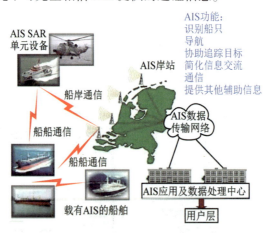

图 4-3-3 AIS 功能

(3)AIS 信息接收受各相关传感器的影响显著。AIS 是一个收集本船传感器数据并将此类信息发送到其他船舶或岸基 AIS 的平台。若某一传感器故障,则 AIS 信息就会存在较大误差,不准确的 AIS 信息容易误导值班人员做出错误的避碰决策。

二、网位仪

1. 网位仪介绍

网位仪,如图 4-3-4 所示,是一种标示渔网位置的无线电设备,技术上与 AIS 相似,通过内置 GPS 卫星定位模块,定时发送含有 MMSI 的无线电信号,并能在 AIS 终端或岸基监控平台上显示。

图 4-3-4　网位仪

2. 网位仪功能

网位仪一般使用于漂流刺网、蟹笼和定置刺网等网具,如漂流刺网布设呈"弓"字形长达 20~30 n mile,每 1 km 左右放置一个网位仪,如图 4-3-5 所示。

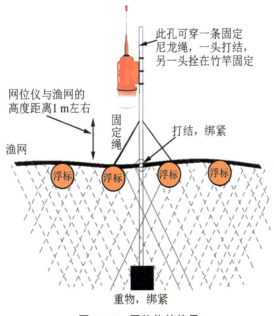

图 4-3-5　网位仪的使用

网位仪的功能主要有：

（1）协助渔民网具查找，降低渔民搜网时间和燃油消耗。

（2）提醒过往船只避开渔网，减少网具和船舶不必要的损失。

3. 网位仪在使用中存在的问题

网位仪命名随意，发射功率大，布设密度大，在 AIS 船台和岸台上与普通船舶无差别显示，给商船航行避碰以及海事监管造成了较大干扰。

（1）网位仪增加了商渔船碰撞风险。网位仪在外海及沿海航路附近大量布设，且多数命名无规律，在商船 AIS 设备或雷达上显示为普通船舶符号。商船进入渔船作业密集区时，雷达和 AIS 终端上密集显示难以分辨的信号，驾驶员值班负荷增大，容易误判。

（2）网位仪增加了 AIS 信道的通信压力。一个区域内 AIS 信号过多时，会因带宽被占用而导致 AIS 信号无法正常收发，达到一定数量时会导致 AIS 信道堵塞。随着网位仪数量增多，其毫无节制地大规模使用以及频次过高地发射 AIS 信号很有可能造成 AIS 基站接收通道的堵塞，是船舶交通安全的一个重大隐患。

（3）网位仪增加了监管搜救压力。在网位仪使用密集区域，海事、渔业监管平台界面会显示密集的 AIS 信号，值班人员无法有效区分网位和船舶，对海上通航环境和船舶交通态势的判断有效性大打折扣，也增加了出现突发事件时搜寻目标、判断搜救环境的难度。

思考题：

1. AIS 系统在避碰应用中有哪些不足之处？

2. 网位仪在使用中存在的问题有哪些？

第四节　GPS 和北斗卫星导航系统

GPS（Global Positioning System，全球定位系统）是一种能提供全球、全天候、高精度、连续、近于实时的三维定位与导航系统。北斗卫星导航系统是中国自行研制的全球卫星定位与通信系统，是继美国全球定位系统（GPS）、俄罗斯格洛纳斯导航卫星系统（GLONASS）、欧盟伽利略导航卫星系统（Galileo）之后第四个成熟的卫星导航系统。

一、GPS

如图 4-4-1 所示，GPS 为以人造地球卫星为基础的高精度无线电导航的定位系统，在全球任何地方以及近地空间都能够提供准确的地理位置、速度及精确的时间信息。

图 4-4-1 GPS

(一)GPS 在航海中的应用

1. 船舶定位功能

当 GPS 在船舶上安装、调试和设置完毕后,打开 GPS 电源正常开机,它就开始捕捉跟踪空间卫星信号,并开始连续实时定位。船舶驾驶员只需利用 GPS 显示器面板上的 MODE 键或翻页键将显示窗的主画面翻到定位画面,即可根据画面上的时间和船舶经纬度在航用海图上进行定位。

2. 船舶导航功能

在船舶日常运行中,驾驶员只要把准确的各航路点的经纬度依次存储输入 GPS 中,然后打开 GPS 的航线偏差报警和转向点报警功能,即可开始航线导航。将 GPS 显示窗的主画面翻到航迹显示画面,船舶驾驶员就可从画面上清楚地看到船舶计划航线、船舶现时位置、航迹、偏航情况及距离下一转向点情况等所有信息。

3. 报警功能

航海 GPS 的报警主要有航迹偏差报警、转向点报警和锚位监视报警。驾驶员可利用 GPS 面板键在功能菜单中分别设定报警值的范围。

(二)GPS 在船舶避碰中的不足

1. 导航信号强度弱,易受到干扰

外界信号(例如电视天线)的干扰给船舶带来了不精确的 GPS 信号,并影响船舶的导航和通信设备,甚至是 GPS 信号直接丢失。

2. GPS 突发故障导致信号丢失

目前,GPS 天线线缆多是 3 年以上的老线缆,特别是主桅线缆部分,直接暴露在高湿、高盐的环境中,存在安全隐患。

3. GPS 报警设置易使人产生依赖

驾驶员容易对 GPS 导航仪报警功能产生依赖,忽略了保持正规瞭望的职责,不利于船舶在紧急情况下采取有效的避碰手段。

二、北斗卫星导航系统

(一)北斗卫星导航系统简介

中国北斗卫星导航系统(BeiDou Navigation Satellite System,BDS)是中国自行研制的全球卫星导航系统,如图4-4-2所示。中国BDS和美国GPS、俄罗斯GLONASS、欧盟Galileo,是联合国卫星导航委员会已认定的供应商。

图4-4-2　北斗卫星导航系统

(二)北斗卫星导航系统在航海中的应用

北斗卫星导航系统船载终端设备可以实时显示船舶位置、航速、航向等动态信息,规划船舶航线,检测船舶是否偏航(偏离一定角度后会发出提醒)。目前,船载北斗终端一般与电子海图信息相叠合显示,清楚直观,便于工作人员查看。船上人员还可以根据电子海图显示的船舶位置、航速,计算船舶到达目的地的时间,实现安全、高效航行。

(三)北斗卫星导航定位系统在船舶避碰中的不足

1.定位服务区有限制

系统范围不能够覆盖两极地区,在赤道附近的定位精度较差,只能二维主动式定位。

2.对快速移动的物体不能提供准确的定位

船舶发出的定位请求,要先通过卫星送到地面中心控制系统,然后通过解算位置信息再发回到船上。当船舶在高速行驶时,使用北斗系统采取避碰措施有很大的局限性。

3.同时容纳的客户数量是有限

当船舶的信息堵塞在卫星里,甚至在同时使用的用户过多时,信息将无法传递到北斗卫星上被处理。

4.没有完全应用于商船以及远洋渔船

北斗卫星导航定位系统的芯片造价较高,而且功耗与体积都很大,并没有大批量投入生产。

思考题:

1.简述 GPS 与北斗系统各自的优势与不足,并讨论它们在船舶避碰中可能面临哪些主要问题。

2.讨论在 GPS 信号干扰及北斗定位服务受限等情况下,驾驶员应如何采取补充措施。

第五节　VHF 设备

甚高频(Very High Frequency,VHF)设备作为海上通信的重要组成部分,为船舶提供近距离、高效、实时的信息交流与协调支持。它不仅承担着日常航行、引航、避碰以及搜救等多种任务,而且在全球海上安全通信体系——GMDSS 中占有核心地位。以下内容详细介绍了船用VHF(如图 4-5-1 所示)的工作原理、特点、频道划分及其在各类通信场景中的应用。

图 4-5-1　船用 VHF

一、VHF 通信设备特点

(1)具有较强的抗干扰能力

VHF 信号占用频带较宽,输出信噪比较大,因此设备的抗干扰性能较好,在实际使用中可抵抗多种电磁干扰,保证通信稳定。

(2)传输距离近,通信范围受限

船用 VHF 的通信距离极限值通常小于 100 n mile,信号主要以空间波直射形式传输。这使得其通信覆盖范围较为有限,适用于近距离通信。

(3)信号波长短,设备天线尺寸小

VHF 工作在 156~174 MHz 频率,波长小于 2 m,因此相应的天线尺寸也较小,便于在船舶上安装和维护。

二、VHF 工作频道

VHF 工作频道可以分为国际频道、美国频道和加拿大频道,还有 10 个气象频道(其中 8 个是美国气象频道,2 个是加拿大气象频道)。3 个工作频道也就是 3 个频道标准版本,用户根据使用要求,在选购船用对讲机的同时也选用不同版本的频率。采用美国频率标准版本的国家较多,我国船用对讲机大多采用美国版本。目前,共划分出的 57 个频道的频道号为 1~28 和 60~88。88 以上为私人频道(如美国各港口设置的 USA 信道)。57 个频道中有些是特殊频道,专门用于某些作用的通信,包括以下这些频道:

(1) CH16(156.800 MHz):指定为 VHF 无线电话国际遇险与安全通信频道。

(2) CH70(156.525 MHz):指定为 VHF DSC 国际遇险与安全呼叫频道。

(3) 保护频道:CH75 和 CH76 为 CH16 的保护频道,158.000±0.025 MHz。

(4) CH06:用于国内航行船舶间导航和避让操作,也可用于从事协调搜救作业的船舶电台和飞机电台之间的通信。

(5) CH13:用于国际航行船舶间导航和避让操作。

(6) CH87 和 CH88:两个单工频道用于提供海上作业船舶的 AIS 的工作频道。

三、VHF 电台通信应用

(1) 港口引航作业与船舶动态业务通信等。

在港口引航和船舶动态管理中,VHF 用于船舶与引航员、港口调度及管理部门间的实时通信(如图 4-5-2 所示),确保船舶顺利进出港及现场作业安全。

图 4-5-2　船舶引航通信

(2) 公众通信与信息播发。

主管部门利用 VHF 向公众发布航行警告、气象预报和其他紧急信息(如图 4-5-3 所示),使所有海上船舶及时获知相关信息并调整航行计划。

图 4-5-3　VHF 公众通信

（3）船舶间的避碰通信。

在船舶会遇过程中，VHF 用于船舶间交换航向、速度及避让意图的信息（如图 4-5-4 所示），从而协同采取避碰措施，降低碰撞风险。

图 4-5-4　船舶间通信

（4）近距离搜救协调通信。

在搜救行动中，VHF 为搜救指挥和现场救援提供近距离通信支持，实现快速传递救援指令、协调搜索及实施救助（如图 4-5-5 所示）。

图 4-5-5　搜救协调通信

船用 VHF 以其抗干扰性强、体积小、安装便捷和实时通信优势成为海上近距离通信的主要工具。通过对频道的合理划分及设定特殊信道（如 CH16、CH70、保护频道等），VHF 不仅满足了港口引航、船舶间避碰和公众信息传递的需求,同时也在紧急搜救中起到了关键作用,为海上航行与作业提供了可靠的通信保障。

思考题:

1. VHF 通信设备有哪些主要特点?
2. 讨论 VHF 在港口引航、船舶间避碰及近距离搜救中的作用以及其局限性。

第六节　AIS-B 系统

随着海上交通运输与渔业捕捞船只数量的迅速增加,碰撞事故也相应呈上升趋势。由于渔船吨位小、船况较差,加之设备配置落后,渔船与商船之间一旦发生碰撞往往会造成严重的人身和财产损失。为保护渔民生命、财产安全,我国专门研制了适用于渔船的避碰系统,即AIS-B 系统,也称作"渔船避碰系统"。

一、渔船避碰系统介绍

AIS-B 系统是渔船专用避碰系统,如图 4-6-1 所示,主要由渔船用终端设备、基站和岸台等部分组成,俗称"渔船避碰系统"。渔船用终端设备可以不间断地向渔船的 AIS-A 设备和基站发送船位、航向等资料信息;基站用于接收 AIS-A 和 AIS-B 船舶动态和静态信息,通过专线传输到岸台监控平台进行数据处理,并在电子海图上显示。其特点是电子海图显示屏带有安全报警圈,除具有 AIS-A 系统的基本功能外还具有语音报警功能。

图 4-6-1　渔船避碰系统

二、渔船避碰系统主要功能

1. 事故预防功能

(1)信息主动发布:AIS-B 系统能够自动向周边具备 AIS-A 系统的商船和岸基设施广播渔船动态信息,实时更新船舶位置、航向、航速等关键数据,从而让其他船舶提前了解渔船的存在与动向,降低碰撞风险。

(2)数据交换:系统与岸基设施之间进行信息交换,帮助监控整个航区的船舶动态,为航行调度和安全监管提供数据支持。

2. 安全报警功能

(1)避碰提醒:当监控平台检测到商船接近渔船时,AIS-B 系统会主动提醒渔船船长加强瞭望,并通过语音或图形警报提示渔船船长采取必要的避碰措施。

(2)紧急 SOS 功能:在意外情况发生时,系统可立即发出 SOS 求救信息,并同步向岸基及附近船舶广播,便于迅速协调搜救。

(3)GPS 导航整合:集成 GPS 导航功能,使驾驶员能够实时查询船舶的准确位置以及行驶状态,提高操作效率与安全性。

3. 责任追查功能

系统能够自动记录在特定监控区域内的所有船舶动态信息,一旦发生碰撞事故或其他海上事故,通过监控平台对船舶行为进行回放,便能够查明事故发生经过,提供事故责任判定和追踪肇事船舶的依据。

三、渔船避碰系统的不足

尽管 AIS-B 系统为渔船避碰提供了重要支持,但在实际应用中仍存在一些不足和亟待改进的问题:

1. 监管与检验不到位

目前,AIS-B 系统尚未纳入"船舶设备安全证书"检验项目,相关部门对设备的检验和监管存在不足。这导致设备在长期使用中易出现天线老化、作用距离缩小、功能退化等问题,而这些故障往往难以及时发现和修复,从而影响系统性能。

2. 培训与操作不熟悉

在现有的渔业培训和教育体系中,针对 AIS-B 系统的使用培训较少,新上船的渔民对系统的工作原理和操作方法不熟悉,导致在紧急情况下不能充分利用系统进行避碰或搜救。

3. 电源供电问题

部分渔船为了节省成本,将 AIS-B 终端设备与船上其他生活设施共用船上蓄电池。当船上其他设备大量用电时,蓄电池容易供电不足,直接影响 AIS-B 系统的正常工作,从而增加了航行安全隐患。

4.系统接口与兼容性

AIS-B 系统在与 AIS-A 系统、基站和岸台监控平台之间的数据交换与接口协调方面,尚存在兼容性问题,这可能导致部分信息传输延迟或丢失,影响船舶即时避碰决策的准确性。

AIS-B 系统作为专为渔船设计的避碰辅助系统,通过不间断广播渔船动态信息、实时安全报警及事故追踪等功能,显著提高了渔船在与商船交会时的碰撞预防能力。然而,系统目前仍面临监管、培训、电源供电及兼容性等方面的不足。只有在各相关部门加强监管、完善检验标准及提升渔民操作技能的基础上,AIS-B 系统才能在实际应用中发挥出更大的安全保障作用,进一步减少海上碰撞事故,保护渔民的生命财产安全。

思考题:

分析 AIS-B 系统在渔船事故预防和安全报警功能方面的具体作用,并讨论如何克服现阶段设备监管和培训不足的问题。

下篇

实践篇

第五章　商渔船碰撞事故成因及规律

近年来,各级海事管理机构、渔业主管部门以及有关方面高度重视防范商渔船碰撞事故,开展了大量工作,取得了一定成效。但是,商渔船碰撞事故仍时有发生,尤其是每年伏季休渔期结束以后,碰撞事故量明显增加,造成重大人员伤亡和较大社会影响。通过对商渔船碰撞事故规律及成因的分析,了解商渔船碰撞事故特点,增强商渔船交会碰撞危险判断的能力,对避免商渔船碰撞事故的发生具有重要意义。

第一节　商渔船碰撞事故成因分析

商渔船碰撞事故时有发生,多数碰撞事故发生时间是在夜间。通常,此类事故对渔船方造成的损失较为严重,甚至造成严重的人员伤亡,由此反映出部分商渔船船员对双方船舶航行作业特点不了解,安全防范意识不强和法治观念淡薄等问题也仍然存在。

一、客观原因

1. 渔船与商船的航线彼此交织重叠

如图 5-1-1 所示,我国渔业资源丰富,渔船数量众多,且随着经济的发展,商船通航密度日益增大,商船大型化、高速化趋势日益明显,商船航线与渔船作业区交织重叠现象非常严重,导致商渔船碰撞事故频发。

图 5-1-1　我国数量众多的渔船

2. 渔汛期的影响

如图 5-1-2 所示,春秋两季是鱼类的收获季节,是捕捞旺季,当地渔民经常成群进入航道、锚地等商船通航密集水域进行捕捞,成为水上交通安全的重大隐患。

图 5-1-2　渔汛期

3. 海上天气状况的影响

春秋两季是大气环流最频繁时期,常伴有海上连续数日的大风天气。大风还会造成大浪,致使雷达设备不能很好地接收渔船回波。进入冬季,部分海域会结冰,造成船舶的操纵能力受到限制,容易发生碰撞事故。

4. 商渔船之间通信问题

由于历史原因,渔船与商船之间无线电话分属不同频段,无法互相通信联系,造成相互之间无法了解彼此的动向或者操作意图,无法协调避让。

5. 渔业生产区域缩减

我国和日本、韩国和越南等国的渔业协定的生效,使得我国渔业生产活动区域有所缩减,造成大量渔船退回沿海捕鱼,尤其是渔汛期间,作业渔船密度大幅度增加,加大了商渔船碰撞事故隐患。

二、渔船方面的原因

（1）渔船驾驶室相对较低而船首较高，影响了其瞭望视野，瞭望的可见距离较小，如图5-1-3所示。

（2）渔船通导设备配备不完善，一些关键设备如 VHF 甚高频等没有正常开启使用，失去了原有的功能。

图 5-1-3 渔船驾驶室

（3）渔船捕鱼方式经常不合规。渔船捕鱼的方式各不相同，捕鱼用具多样，长度各有差异，甚至有部分渔民会将渔具布置在分隔带或者航道内部，严重影响了商船的正常通行。

(一)渔民方面原因

1. 重经济、轻安全的思想

重经济、轻安全的思想在渔民中普遍存在，他们往往不顾恶劣天气状况、渔船抗风能力及自身海上作业技能等因素，赶风头抢风尾，甚至收到大风警报也不回港避风，如图5-1-4所示。

图 5-1-4 恶劣天气中的渔船

2. 非渔劳力入渔

渔民的整体专业素质较弱，大部分渔船船员未接受过相关航海技能的培训，不能熟练使用船上相关的仪器设备,对于商船发出的信号经常无法正确理解,以致在与商船会遇的局面中不能采取积极的行动。

3. 不能进行良好瞭望

渔船值班人员在从事捕鱼作业期间对瞭望重视不足,有时甚至即将发生碰撞了却浑然不知。多数渔民认为大船总会让小船,甚至认为小船敏捷,时常会去"抢"大船船头。

4. 未按规定值班

渔民经常进行超负荷劳动,因此值班睡觉的情况时有发生,并且在部分实行分道通航制度的地方,各类渔船的遵守情况也是不尽如人意。

(二)渔业生产中存在的陋习

(1)渔船喜欢冒险"抢"大船船头,如图 5-1-5 所示。我国沿海渔村自古有"抢船头,大丰收"的说法,渔船"抢"大船船头很容易瞬间形成紧迫局面,导致了严重的商渔船碰撞事故。

图 5-1-5　渔船"抢"大船船头

(2)编队航行渔船,如图 5-1-6 所示,除头船驾驶台有专人负责瞭望外,后面跟随的渔船驾驶台上很少有专人负责瞭望,这也增加了很多碰撞隐患。

(3)渔船驾驶员认为渔船操作灵活,习惯将雷达量程设置在 0.5~1.5 n mile 挡。但是,在来船动态不明的情况下避让,极易造成避让行动不协调而导致碰撞。

(4)渔船无论航行还是作业都习惯开启甲板强光灯,这不仅影响了号灯可视距离及包括本船在内的附近所有船舶的正常视觉瞭望,并且容易造成他船对其动态的误判。

图 5-1-6　编队航行的渔船

(5)渔船在捕捞作业期间发现大船驶近时,为保护其渔具或作业区往往会朝向大船驶近,近距离迫使大船转向避让,完全不顾大船的操作性能和周围通航环境。

(6)渔船在非从事捕鱼期间不遵守避碰规则,在碰撞危险最初开始存在时,作为让路船没有采取及早的、大幅度的行动包括转向或变速或是两者结合的方式。

(7)渔船船员不了解海域上的锚地、分道通航制区域的分布和商船的习惯航路,同时有些渔船虽然配备助航设备,但是船员并不会主动使用,导致渔船经常在危险的分道通航水域和商船习惯航路附近从事捕鱼和锚泊。

(8)渔船在一定的区域内进行作业,拖网、围网等作业各需要不同的号灯、号型,而渔船往往不会使用这些号灯、号型,导致商船误认为渔船不在作业,于是没有按《规则》进行操纵,失去了能采取良好行动的时机。

三、商船方面原因

(一)航路选择不科学

(1)船长在决定航线时,对于渔区各方面资料收集欠缺,对驾驶员的航行技能缺乏准确的评估,对于密集渔区的风险评估未到位。

(2)商船习惯航路与渔船作业区域重叠是商渔船碰撞事故多发的重要因素。为获得更多利益,沿海渔民的传统捕捞作业区由港湾、沿岸不断向近岸、沿海,甚至外海延伸,但商船的习惯航路却没有改变,这就造成了渔业作业区与商船航路重叠的现象。

(3)商船对渔船密集区周围海域情况缺乏足够了解,未能及时调节航线以进行大幅度避让,转而选择横穿渔区。

(二)商船渔区值班存在问题

1.疏于瞭望

在商船与渔船的碰撞事故中,大部分是疏于瞭望造成的。值班船员疏于瞭望,对于一些零星渔船或不点灯的渔船发现较晚,或者瞭望手段单一而形成瞭望死角。

2.未保持安全航速

商船驾驶员不能很好地根据《规则》进行操作,未能以安全的速度航行,并未考虑到雷达设备的局限性,在采取避让行动时不能对当时局面和避让效果进行认真分析和判断,使得避让的时间缩短,从而发生了碰撞事故。

3.驾驶员疲劳

当商船在夜间和雾中航行于通航密度大的水域时,其驾驶员最容易疲劳。渔船密集而刺眼的灯光会加剧驾驶员视觉疲劳,导致其反应迟钝,判断力下降。

4.过分依赖雷达,没有正确认识碰撞危险

在商船近距离接近渔船时,驾驶员发现其方位明显变化即错误认为可以安全通过;对DCPA认识上存在错误,甚至认为DCPA大于零,即可安全通过,忽视了本船的驾驶台和船首距离以及近距离探测等雷达的缺陷,且对雷达的盲区没有引起重视;同时,忽视了视觉瞭望是保持正规瞭望的最重要手段。

5.没有采取相应声号措施

在分析发生的重大伤亡的事故时发现,商船大多没有采取施放声号警告或提醒渔船,而是冒险全速航行。

(三)商船船员对渔船特点和作业方式不了解

(1)商船驾驶员对渔船特点和作业方式不了解,对于渔船和渔网的捕捞特点陌生,加上风流作用,对其运动态势无法准确判断,造成碰撞等事故。

(2)商船驾驶员对渔船的操纵避让特点不熟悉,缺乏对沿海渔船"抢船头"不良习惯的戒备,而遇到类似突发情况又不能妥善处理。

(3)如图5-1-7所示,很多木制渔船的雷达回波弱,灯光暗淡,加上海浪影响,很难被发现。商船驾驶员对此缺乏足够认识,也是造成碰撞的重要原因。

(4)渔船的舷灯和标志灯常常会被甲板作业强光等淹没,很难被觉察;一些表明渔具外伸的灯光此时也会很难被发现。这给近距离会遇的商船带来许多碰撞隐患。

(四)商船安全管理方面

(1)值班驾驶员未按规定叫船长上驾驶台。部分船舶管理体系文件不完善;在船舶通过交通密集区、遭遇能见度不良天气或复杂水域航行时,应叫船长上驾驶台,必要时增加瞭望人员。

(2)航海日志的记载不翔实、不规范,无法反映船舶的航行、营运情况,不利于事后总结航行情况。

(3)在船舶采取紧急措施后,没有记录和分析不符合规定的情况、事故和险情等问题,对经验教训总结不到位。

(4)安全管理缺乏持续性。在碰撞事故多发时,主管部门会加强监管和警示教育,使事故发生率下降。而随着监管和警示教育的常态化,船舶管理公司及商渔船船舶管理一旦松懈,事故发生率又会上升。

图 5-1-7　木制渔船

思考题：

1. 商渔船碰撞事故的主要客观原因有哪些？
2. 渔民在从事捕鱼过程中一般存在哪些陋习？应如何避免？

第二节　商渔船碰撞事故特点

海上航行安全直接关系人身财产安全，商船与渔船因作业性质差异及航路交叉，在沿海水域碰撞事故多发。事故分析显示，此类碰撞呈现以下特征：夜间及能见度不良时段事故占比较高，沿海水域为高风险区域，渔船普遍存在 AIS 未开启、导航设备老化等问题，商船则因瞭望不足、避碰决策迟缓导致应急响应滞后。同时，船员对《规则》掌握不充分、疲劳驾驶等违规行为突出，通信协同机制缺失进一步加剧碰撞风险。研究事故特征可提升船员风险预判能力，为管理部门制定船舶限速、航路优化等科学措施提供支撑。下面将详细说明商渔船碰撞事故的主要特点及其产生原因。

一、夜间及能见度不良时事故高发

调查显示，大部分商渔船碰撞事故发生在夜间或大雾等能见度不良的条件下，尤其集中在2300—0500。这一时间段内，双方可能存在值班不规范、瞭望不足、雷达设备受限以及通信协同不到位等问题，导致在低能见环境下无法及时发现和彼此避让，从而引发碰撞。

二、碰撞事故多发生在沿海水域

我国沿海水域渔业活动频繁，而商船航线随着经济的繁荣日益密集。高风险水域主要包括天津港外锚地、渤海海峡、成山角分道通航区域、舟山群岛、闽浙沿海、珠江口以及琼州海峡及北部湾北部海域。这些水域由于船舶流量大、航线交叉,增加了碰撞的可能性。航经这些水域的船舶必须加强防范。

三、碰撞事故的离岸距离分析

根据相关统计,发生的碰撞事故以成山角南部水域、浙江沿海、福建沿海、广东沿海、琼州海峡及北部湾等水域较为集中。

(1)成山角南部水域的碰撞点80%以上是在离岸(或岛屿)距离20 n mile附近,以分道通航水域的两端最为集中。

(2)浙江沿海、福建沿海、广东沿海水域的碰撞点80%以上是在离岸(或岛屿)距离30 n mile附近,且在等深线100 m以内。

(3)琼州海峡全线都为碰撞事故高发区。该水域航行区域狭窄,交通流复杂,同时水深有限,所以穿越此处且吃水13 m以上的船舶在进行航线设计时需十分慎重。

四、碰撞事故中渔船损失通常很大

渔船通常吨位较小、船体结构较弱,但船上人员较多,一旦与大型商船碰撞,往往难以承受冲击,容易发生严重碰撞事故甚至沉没,导致重大人员伤亡和财产损失。此外,木质渔船由于雷达回波弱、灯光暗淡,更容易在复杂海况中被忽视,增加碰撞风险。

五、事故发生后商船逃逸现象较多

商船与渔船发生碰撞后,肇事逃逸现象屡见不鲜。由于碰撞事故多发生于夜间或是能见度不良情况,在发生碰撞后,商船不及时检查碰撞情况而选择逃逸,且事后为了逃避责任而故意隐藏事故证据。

六、事故调查难度

商渔船碰撞多发生于夜间或低能见环境下。在事故发生后,渔船由于自救忙碌、沉没或其驾驶员视线受限,很难详细观察肇事商船信息。同时,肇事商船为逃避责任可能恶意关闭AIS,导致事故现场缺乏可靠证据,使得海事部门调查取证难度大。

七、季节性特征明显

根据相关统计数据显示,商渔船碰撞事故具有显著的季节性:

(1)高峰季节:1月、3月至5月和8月至9月,高风险时期往往与渔汛前后、雾多季节和经济作业高峰有关。

(2)低峰季节:2月因春节假期,6月、7月因伏季休渔,海上渔业活动减少,事故相对较少。

此外,碰撞事故中多数发生在渔船航行期间而非捕捞或锚泊期间。这表明航行中的船员对《规则》的落实和沟通协调仍存在较大问题。

思考题:

我国沿海商渔船碰撞事故的主要特点及其产生原因是什么?

第三节　商渔船碰撞事故的预防措施

商渔船碰撞事故频发反映出航行中双方存在航线交织重叠、信息沟通不畅、值班制度松懈以及作业习惯不规范等问题。为降低碰撞风险,提高航行安全,必须从客观原因、商船和渔船等层面采取相应的预防措施。

一、针对客观原因的预防措施

1. 优化航线规划,避免航线交织重叠

渔船要避免在沿海航路附近和定线制水域从事捕捞作业;在国家统一划定的渔场区域内捕鱼时,也应注意控制渔场内船舶密度,尽可能给过往商船留出足够的通行水域。

2. 加强渔汛期管理

鉴于鱼类收获季节集中的捕捞活动剧增,相关部门应建立捕鱼地点申请与审批制度,实施渔船密度控制机制;在渔汛期前后采取临时性限航或分流措施,降低高风险时段内商渔船碰撞的可能性。

3. 完善商渔船通信设备统一和互联互通

加快推广统一频段的无线通信设备,确保商船与渔船之间能够及时交换航行动态信息和操作意图,减少因信息不对称造成的避让失误。

二、针对商船的预防措施

渔船数量较多,分布广,提高其船员的整体素质较为困难,所以避免商渔船碰撞事故,还要依赖广大商船驾驶员,为此提出以下措施:

1. 全面分析与制定航线

船长应根据当日海况、渔业作业区分布以及休渔期安排,全面分析航线特点,选择避开渔船密集和碰撞高风险区的航路;休渔期过后,应根据渔船出海情况及时调整航线,确保与渔船尽可能分离。

2. 了解渔船特点、主动避让

船长和驾驶员应充分掌握渔船作业习惯、捕捞方式及其常用号灯、号型,对渔船常见的

"抢船头"、低速小船等保持高度警觉;遇到渔船靠近时,主动采取转向、变速等避让措施,做到"早、大、宽、清"。

3. 始终保持正规瞭望

在渔区航行时,驾驶台值班应至少留有一名值班驾驶员和一名值班水手;当通过能见度不良、狭水道、港口附近、渔区等通航密集区,还应增加瞭望人员;对渔船密切关注,应尽早判别区分渔船作业类型,采取合理的避让措施,及早避让渔船及其渔具,保持足够安全距离。

4. 采用适合当时环境的安全航速行驶

在渔区航行时,要充分考虑当时的通航密度、能见度及船舶的操纵性能等因素,采用适合当时环境的安全航速行驶,为避碰、远离危险留出更多的时间。

5. 合理利用雷达辅助避碰

建议开启两台雷达:一台设于 6 n mile 量程,主要用于远距离观测和提前标绘;一台设于 1.5/3 n mile 量程,用于近距离识别渔船、渔网及其他障碍物。若仅装有一台雷达,则需定期切换量程,确保早发现并识别周边动态情况。

6. 加强商渔船之间的沟通协调

尽早尝试通过 VHF 等通信方式与渔船进行直接联系,协调双方避让;若条件允许,则可与附近同向航行的商船互通信息,共同判断区域风险并采取一致的避碰措施。

7. 强化驾驶台团队合作和疲劳管理

合理安排值班制度,确保驾驶员充足休息,防止因疲劳驾驶导致判断迟钝;建立明确交接班规定,确保航海日志记录翔实,为后续事故调查和责任追查提供依据。

三、针对渔船的预防措施

(1)加强对渔船船员的安全培训、技能培训。在航行和捕捞作业时,要谨慎驾驶,按规定显示号灯、号型。建立并完善值班瞭望制度,注意周围船舶动态,以确保海上作业安全。

(2)渔业主管部门与渔船检验机构应进一步加强对渔船的管理,并进一步宣传水上安全知识,如图 5-3-1 所示,保证渔船的适航性,以及渔船船员证书的真实性和有效性。

图 5-3-1 "12395"水上搜救热线

（3）改善渔船的通信设备,如配置高功率的 VHF、装备可靠性强的 AIS 等,强调渔船同样应当收听 VHF 的 CH16。

（4）通过各种方式,改变一些作业陋习,建立安全文明的海上捕鱼秩序。

（5）从事捕鱼的船舶,操纵性能受到渔具的限制,根据《规则》的要求,应尽可能严格按《规则》要求配备并显示准确的号灯、号型。各类渔船除显示规定的号灯外,可以开亮工作灯或探照灯,但要避免影响他船对本船动态的判断。

（6）开启雷达,并注意观测周围情况。如果渔船装有两台雷达,应一台置于大量程,一台置于小量程,以便综合判断周围局面;如果只装有一台雷达,应注意经常切换大小量程,以尽早发现他船,并协调避碰行动。

（7）按章开启声响、灯光信号,当对商船行动有任何怀疑时,应通过鸣放号笛的方式提醒他船注意,并针对商船采取最有利于避碰的行动。

思考题：

1. 讨论商船如何采取有效措施预防碰撞事故。

2. 讨论如何改善渔船不规范作业和不良陋习,以提高其安全避碰能力。

第四节　舟山沿海商渔船碰撞事故规律与对策

舟山地处中国东部黄金海岸线与长江黄金水道的交汇处,东临东海、西近杭州湾、北邻上海。2021 年舟山港货物吞吐量突破 12.24 亿 t,居世界第一。舟山沿海的航路总体呈现"三纵四横"状态。舟山沿海商船航路分布如图 5-4-1 所示。其中,"三纵"(南北向主通道)为外航路(嵊泗列岛以东国际航行干线)、东航路(衢山岛—普陀山国际航线通道)、西航路(金塘水道—册子水道—螺头水道);"四横"(东西向主通道)为北部横轴(洋山深水港主航道—马迹山港进港航道)、中部北横轴(蛇移门南向航道—岱山水道—舟山中部港域西航道北段)、中部南横轴(马峙航道口公共段—灌门航道—龟山航道—舟山中部港域西航道南段)、南部横轴〔虾峙门航道—条帚门航道—佛渡水道〕。舟山渔场是我国最大的渔场,渔业活动面广、船舶数量多,商船航路与渔区交会,通航条件复杂,且水文气象条件恶劣,是我国沿海少有的船舶通航高密度水域之一。

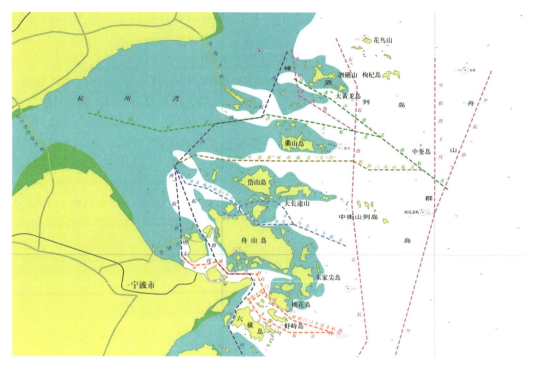

图 5-4-1　舟山沿海商船航路分布

因为复杂的通航环境及繁忙的渔业生产情况,舟山沿海商渔船碰撞事故频发,严重影响我国沿海水上交通安全。本书主编通过走访舟山海事局、舟山市海洋与渔业局、辖区航运企业、渔业协会等单位,系统调研商渔船碰撞情况,并对舟山沿海近 10 年来一般等级以上事故案例进行总结,进而分析了事故规律、特点及成因,并提出相关建议和对策。

一、舟山沿海商渔船碰撞数据统计

1. 事故数量及船员死亡或失踪情况

2011—2020 年舟山海沿发生一般等级以上商渔船碰撞事故 39 起,事故造成 32 艘船舶沉没,84 人死亡或失踪。以舟山海事局公布的《商渔船碰撞事故调查报告》(以下称《事故调查报告》)为基础,经数据统计,绘制近 10 年间的碰撞事故数量曲线和死亡或失踪人数曲线分别如图 5-4-2、图 5-4-3 所示。

根据图 5-4-2 可知,2011—2020 年舟山沿海每年均有碰撞事故发生,2012 年事故数量最少,为 2 起;2011 年、2018 年、2020 年的事故数量最多,为每年 6 起。

根据图 5-4-3 可知,2011—2014 年,死亡或失踪人数呈下降趋势,2014—2017 年又呈上升趋势,2018—2019 年死亡人数明显增加。死亡或失踪人数近年来一直居高不下,2011 年、2019 年、2020 年最多,为每年 15 人,2017 年次之,为 9 人。同时,调查发现,在商渔船碰撞事故中,渔船船员死亡或失踪人数占比极高,为 95.2%。

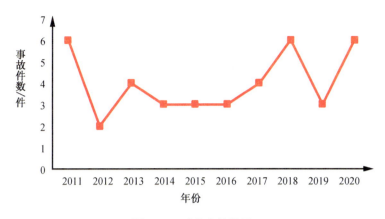

图 5-4-2　碰撞事故数量

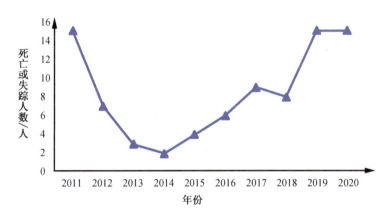

图 5-4-3　事故死亡或失踪人数

2. 事故船舶的船舶尺度和总吨位

根据《事故调查报告》,2011—2020 年的涉事船舶共计 80 艘,其中商船 39 艘,渔船 41 艘,对当事船舶的船舶尺度和吨位进行统计,如表 5-4-1 所示。事故中商船船长大于 50 m、总吨位超过 200 的占商船总数的 84.6%;船长大于 100 m、总吨位超过 3 000 的占商船总数的 53.8%。事故中渔船船长不大于 40 m、总吨位不大于 300 的船舶占商船总数的 70.7%,所有事故中渔船的船长均不大于 50 m。

表 5-4-1　事故船舶的船舶尺度和总吨位

船舶种类	船长/m	总吨位	数量/艘
渔船	20~30(含)	0~120(含)	10
渔船	30~40(含)	150~300(含)	19
渔船	40~50(含)	300~650(含)	12
商船	10~50(含)	50~200(含)	6
商船	50~100(含)	200~3 000(含)	12
商船	100~200(含)	3 000~38 000(含)	15
商船	200~350	38 000~100 000	6

3.事故船舶的损失情况

根据《事故调查报告》,2011—2020 年共有 30 艘船舶沉没。其中,渔船沉没 25 艘,16 艘有较大损伤;商船沉没 5 艘,2 艘有较大损伤,其余均为轻微损伤。

4.事故发生的月份及时间分布情况

根据《事故调查报告》,2011—2020 年事故发生的月份及时间分布情况如图 5-4-4、图 5-4-5 所示。

根据图 5-4-4 可以看出,碰撞事故在每个月份都有发生,高发期为 3 月和 9 月。

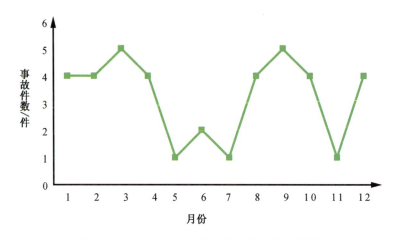

图 5-4-4　2011—2020 年事故发生的月份分布情况

根据图 5-4-5 可知,事故的高发时间段为 20:00—21:00,次高发时间段为 02:00—05:00,即碰撞事故的多发时间为夜间商船的二副、三副值班期间。

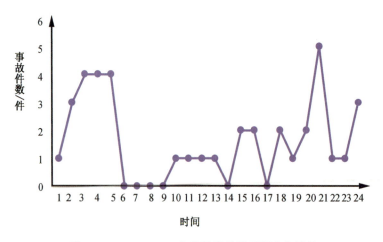

图 5-4-5　2011—2020 年事故发生的时间分布情况

5.事发时商渔船状态及海域能见度

根据《事故调查报告》,2011—2020 年事发时商渔船状态及海域能见度有一定规律。在 39 起事故中,事发时商船有 38 起为航行状态,1 起为锚泊状态;渔船有 37 起为航行状态,2 起为锚泊状态。关于近 10 年事故发生时海域的能见度情况:有 28 起能见度良好;2 起能见度为

4~5 n mile,能见度一般;4 起能见度为 0.5~1 n mile 的大雾;5 起能见度为 100 m 左右的浓雾。

6.事故发生的海域

根据《事故调查报告》,2011—2020 年舟山沿海一般等级以上商渔船碰撞事故主要发生在朱家尖岛周围水域、东福山以东水域、浪岗山列岛附近水域及舟山沿海。同时,在进出港航道内及渔港附近也有一般等级以上的事故发生,如岱山蒲门水道和衢山中心渔港附近分别发生2 起和 1 起碰撞事故。

7.事故商渔船通导设备配备和使用情况

根据《事故调查报告》,2011—2020 年的碰撞事故中的商渔船双方均没有建立有效的联系。有部分商船试图通过 VHF 呼叫渔船,但没有收到应答;或有个别船舶仅在碰撞前一刻才建立已经没有意义的联系。通过调查发现,商船的通导设备比较完善、使用较为正规,但渔船通导设备简陋,渔船船员也没有按照规定正常使用。

二、商渔船碰撞事故的规律和特点

1.事故数量和死亡或失踪人数呈现一定规律的波动

近十年的舟山沿海每年都有商渔船碰撞事故发生,其中 2011 年、2018 年和 2020 年达到事故数量的 3 个峰值,峰值以后的 1~2 年商渔船碰撞事故发生数量呈下降趋势,而后又增长,直至下一个峰值出现。此外,碰撞事故导致的死亡失踪人数年度变化与事故数量变化一致。

2.事故商渔船的船舶尺度和总吨位相差悬殊

在舟山沿海发生的商渔船碰撞事故中,商船船舶尺度和总吨位均大于渔船,且在 84.6%的碰撞事故中,双方的船舶尺度和总吨位相差悬殊。沉没的船舶多为渔船,沉没的 5 艘商船均为船况差、总吨位小的沿海运输船只,其中有 4 艘为矿砂船。

3.事故高发时间分布较为集中

舟山沿海商渔船碰撞事故高发的月份为 1 月至 4 月、8 月至 10 月以及 12 月。夜间发生事故数量远多于白天,高峰值出现在 21:00 至次日 5:00,即船舶二副、三副值班的夜间时段。

4.事故主要发生在渔船航行期间,多数事故事发时的能见度良好

舟山沿海 94.9%的商渔船碰撞事故发生在渔船进出渔港的航行期间,而非从事捕鱼作业期间,且 71.8%的碰撞事故发生时能见度良好。

5.事故多发在商船习惯航路上和渔船作业密集区内

碰撞事故多数发生在舟山沿海"三纵四横"的商船航线上、渔船进出港的习惯航路与舟山商船航线交叉的大部分海域。同时,舟山沿海的渔船作业密集区也是商渔船碰撞事故的高发区域。

6.渔船通导及助渔设备的配备和使用等不规范

在绝大多数事故发生前,商渔船双方均未建立有效的联系。商船通导设备的使用和配备较为规范,而渔船对于相关设备的配备和使用存在很多问题,个别渔船在航行值班时甚至关掉了 VHF 等通信设备。另外,渔船滥用网位仪的现象严重,由此导致多起碰撞事故发生。

三、商渔船碰撞事故原因分析

舟山沿海通航环境复杂,渔业资源丰富,高密度的船舶流使得商渔船会遇概率高,极易发生碰撞事故。针对舟山沿海商渔船碰撞事故的规律和特点,剖析事故发生的主要原因如下:

1. 船舶管理公司及船舶对商渔船的管理缺乏持续性

在碰撞事故多发时,主管部门会加强监管和警示教育,使得事故发生率下降。而随着监管和警示教育的常态化,船舶管理公司及商渔船船舶管理一旦松懈,事故发生率又会上升。

2. 舟山沿海往来大型商船数量逐年增多,且渔船分布密集

随着造船技术的进步及对外贸易量的增加,往返我国各港口的大型商船越来越多。有的大型商船驾驶员不熟悉渔船的航行特点及作业规律,计划航线设计不合理,也没有按照海事主管部门推荐的航路行驶;舟山沿海广阔,海事主管部门不能及时发现船舶面临的即时风险等,都会造成商船误入渔区。同时,我国与日本、韩国等周边国家相关渔业协定的生效,导致大量渔船撤回近海渔场,使得舟山沿海渔船分布更加密集。

3. 渔船作业有季节性,雾季影响商渔船的航行安全

舟山沿海的休渔期为5月至8月。8月以后即为舟山沿海的渔汛期,渔船活动频繁会导致碰撞事故多发。3月至7月为我国东海海域的雾季,此时能见度不良,会对商渔船的航行安全产生一定影响。

4. 舟山沿海低标准小型运输船舶较多

因为主管部门监管存在一定疏漏,部分国内船东及船舶管理公司管理不够科学,导致一些未经船舶检验合格的低标准船舶投入运营。由于这类船舶尤其是砂石运输船技术状况差,疏于对船舶的日常维修保养,船体锈蚀严重,船舶水密性和结构强度无法满足安全航行要求。

5. 商船驾驶员业务能力不足、法律意识淡薄

高级船员训练不足,导致业务能力不达标。而船舶管理公司对船员缺乏必要的培训和指导,加上二副、三副的航海经验较少,夜间疲劳值班等原因,导致大量碰撞事故的发生。同时,部分商船驾驶员法律意识淡薄,在碰撞事故发生后选择逃逸而不主动施救,导致事故损失进一步扩大。

6. 渔船作业人员的职业习惯不良、业务水平较低、沟通能力较弱

大量渔船不按规定进行捕鱼作业,甚至会在商船习惯航路上捕鱼。多数渔船作业人员存在航行及锚泊期间不值班、不按规定值班、值班期间没有值守VHF的CH16等情况。同时,很多渔船驾驶员有不按规定显示船舶信号、滥用网位仪、随意抢越大船船头等不良习惯。此外,渔船船员对《规则》不熟悉、不理解,对于船舶处于捕鱼和航行状态的操纵没有区分。渔船船员英语交流能力不强且缺乏交流意识,不能正确使用通导设备,以至于在遇到外轮时无法进行有效的避碰沟通。

7. 渔船通导及救生设备等配备较差或不合格

渔船通导设备配备较差或不合格,使得渔船驾驶员不能尽早意识到有碰撞危险而提前采取必要措施,最终导致碰撞事故发生。同时,渔船救生设备配备较差或不合格,渔业船员准入

门槛较低,且缺乏必要的应急知识和训练等,导致发生碰撞事故后大量人员死亡或失踪。

另外,在航行中发生碰撞事故的商渔船普遍存在未采用安全航速、未保持正规瞭望、未能对局面做出正确的估计、避让行动不正确问题,充分说明舟山沿海航行和作业的商渔船均未严格遵守《规则》。

四、避免碰撞事故的对策和建议

(一)优化通航环境

(1)加强航道、锚地、客运航线、定线制水域的管理,科学规划舟山沿海的商船航路,明确传统渔业作业区,严查渔船违章、违规和无序作业,确保航道和航路的安全畅通,减少商渔船会遇碰撞风险。

(2)海事主管机关应加大对舟山沿海的监管力度,充分发挥 VTS 功能,维护海域内船舶通行秩序;利用吨位大、抗风等级高的海事船艇加大对舟山沿海的巡航力度;规范渔船使用的网位仪,避免数量众多的无序网位仪导致商船驾驶员对通航环境的误判。

(3)根据渔船作业的季节性特点,结合现代通信科技手段,海事主管机关应及时公布最新的渔船进出港和作业信息,对航经渔船主要航行作业区域的商船做好预警和提醒工作。

(二)加强船舶管理

1. 商渔船的船舶管理

(1)商渔船应切实做好应急训练和演习,帮助船员熟悉各种应急训练程序,提高船员应对紧急情况的能力。针对渔区可能发生的风险,提前做好应急预案,制定防范措施。

(2)商渔船驾驶员应熟悉本船航行和安全设备的操作和使用,养成良好的航行习惯,严格按照《规则》进行航行和避让。

(3)商船应完善值班制度,提前制订好航次计划,尽量远离渔区航行。商船在渔船密集区航行时,应视情况采用安全航速,增派瞭望人员。

(4)商船船长应督促二副严守值班纪律,注意渔区航行安全;对三副做好航行指导,必要情况下亲自上驾驶台值班。

2. 船舶公司的管理

(1)严格把控人员聘用关,在面试驾驶员尤其是二副、三副时,有针对性地考核有关在渔区航行及避碰的内容。

(2)定期审核所属船舶的船员培训计划,要求船员培训计划必须包括商渔船避碰相关内容,并定期向船舶发送商渔船碰撞案例、渔区航行及避让方法等。

(3)及时关注船舶动态,关心船员身心健康,通过相关技术密切监视船舶航行值班情况,督促驾驶员认真履行值班规定,避免碰撞事故发生。

(4)对于发生事故的船舶,应对船长和驾驶员进行正确指导,积极做好落水人员的营救工作,避免事故损失进一步扩大。

(三)加大航海教育、培训力度

1.针对商船船员的航海教育、培训

(1)有关部门应适时更新驾驶员培训内容,注重培训方法。在各等级的航海教育及驾驶员职务晋升考试培训中,酌情增加渔区、渔船、渔船作业特点及不良航行习惯等内容;注重案例教学,让船舶驾驶员切实体会渔区航行的危险性,同时着重教授驾驶员渔区航行的避让措施、航行方法及注意事项等。

(2)加强船员法律意识教育,提高其社会责任感。当事故发生时,在不危及自身安全的情况下,船员应把救人放在第一位。

(3)注重培养船员良好的航海习惯。航海院校和相关培训机构要通过各种途径教育船员遵守通常做法和培养良好船艺。加强船员对导助航仪器局限性认识的教育,避免过分依赖导助航仪器。

2.针对渔船船员的航海教育、培训

(1)提高渔船船员的规则意识。适当提高渔船船员的准入门槛,在考证培训中增加《规则》的讲解和分析内容。

(2)注重培养渔船船员的英语沟通能力。在渔船船员的培训教育中,加强避碰英语的教学,加大渔船船员的口语考核力度。

(3)提高渔船船员海上求生的能力。让船员在培训中熟悉渔船应配备的救生设备,加强救生设备的使用方法、碰撞后应采取的应急措施以及如何求助和自救等方面的培训。

(4)加强渔船通导设备使用能力的培养。在通导设备的培训中,避免大篇幅的理论讲解,而注重讲解使用方法和注意事项,使渔船船员熟悉船舶避碰相关通导设备并在实践中应用。

(四)加强监管

(1)针对外籍船舶,通过外轮代理告知等形式宣传和发放《中国沿海航行船舶防范商渔船碰撞安全指引(2023版)》、各港口渔区分布及相关航路更新等信息,告知外来商船我国沿海的渔区、渔船特点及航行注意事项。

(2)加强对商渔船及船舶管理公司的检查和管理,加大对低标准船舶及运营低标准船舶的管理力度,重点关注沿海航区的砂石运输船,防止船舶超载、超航区航行,严查重点船、老旧船的救生设备配备和船员操作使用能力。

(3)加强对辖区所属各航运企业岸基管理人员及船员的案例警示教育,与辖区航运公司和相关船员培训机构沟通,督促其做好渔船船员个人求生、救生设备使用等相关培训。

(4)合理利用休渔期和恶劣天气渔船回港的时机,派出执法人员走进渔港、渔村,从事故案例、商船航法特点、避碰规则、遇险求救程序、应急与救生设备操作等方面为渔民普及相关航行知识,提高渔民素质。

(5)对航运形势做好预判,合理引导航海院校制订科学的人才培养计划,尽量避免航海人才培养和市场需求不匹配的情况出现,同时严格规范船员考试、发证规则制度。

思考题：

1. 分析在舟山沿海如何通过优化航道规划和渔区管理来减少商船和渔船在交叉航线上的碰撞风险。

2. 从商、渔船各自的安全管理与人员培训角度出发，探讨如何提高船员的应急处置和避碰意识，以降低碰撞事故发生率。

第六章　渔船应急

渔船的船舶尺度小、总吨位小,船体强度等和商船相差甚远。在商渔船碰撞事故中,渔船极易严重受损和沉没,大量渔船船员也因此死亡或失踪。为了减少商渔船碰撞事故中的人员伤亡,本章重点讲述渔船应急,分为渔船应配备的救生设备、渔船碰撞后应采取的应急措施以及渔船船员的求助与自救。

第一节　渔船应配备的救生设备

救生设备是海上求生的第一要素。渔船上常见的救生设备主要有:救生圈、救生衣、气胀式救生筏、海上救生信号、救生通导设备及其他救生设备等。

一、救生圈

1. 救生圈的作用

救生圈为橙红色,一般贴有逆向反光带,可以起到示位作用,如图 6-1-1 所示。部分救生圈内部配置了自亮浮灯装置,将其抛入水中,浮灯会自动发光,用于夜间照明,还能让外界知道落水者的大致方位,有利于救援的开展。

2. 救生圈的缺点

(1)在救生圈投入水中后,其自带的自亮浮灯会自动发光,但普通的自亮浮灯使用的通常是干电池,当电池没电且没有备用电池时,自亮浮灯便失去其示位功能。

(2)落水者在使用救生圈等待外界救援时,无法摄入食物和淡水,极易体力不支,可能最终因饥饿或干渴失去生命。

(3)普通救生圈没有推动装置,落水者在体力耗尽以后,只能在原地被动等待外界发现和救援。

(4)海上环境比较复杂,在海浪、风等外界因素的干扰下,普通救生圈很难被及时准确地投放到落水者周围,因而容易错失最佳的救援时机。

（5）救生圈不具有防护功能,落水者的四肢长时间浸泡在冰冷的海水中,会逐渐失去知觉。此外,海水中的危险生物和风暴天气也会对落水者的生命构成威胁。

（6）救生圈这类救生设备的灵活性较差,会限制使用者的自由活动。

图 6-1-1　救生圈

二、救生衣

救生衣是指穿着后在水中能提供浮力以承托落水者的一种救生工具。救生衣是船上每人必备的个人救生设备。它穿着方便,可以使包括处于昏迷状态人员在内的穿着者在水中自动处于安全状态,并保持穿着者脸部高出水面一定高度而不致溺水;也可以减少体力消耗,同时减少体热散失。

1.救生衣的分类

救生衣的分类方法很多,不同的分类方法有不同的名称。其按浮力材料不同可分为固有浮力式、气胀式和混合式救生衣。其按结构样式可分为背心式、套头式、连身式、腋下式救生衣。目前,渔船上最常用的是固有浮力式救生衣(图 6-1-2)和气胀式救生衣(图 6-1-3)。

图 6-1-2　固有浮力式救生衣

图 6-1-3　气胀式救生衣

2.救生衣的优点

（1）救生衣在水中具有足够的浮力,能够时刻保持落水者头部位于水面以上,有效避免了落水者的口、鼻等部位进水,如图 6-1-4 所示。

图 6-1-4　救生衣的穿着

(2)多数救生衣会配置哨笛或者救生灯,以方便落水者向外界求救。

(3)部分救生衣具有保温功能,可以防止落水者的皮肤直接接触海水。

3.救生衣的缺点

(1)救生衣不具备定位功能,普通救生衣虽配有救生灯,但救生灯时常发生故障,落水者由于体力不支后无法使用哨笛,若没有救生灯的作用就很难被外界发现。

(2)中小型渔船上的船员在作业时应按规定穿着救生衣,但救生衣比较厚重,长时间穿着会给船员作业带来不便。

(3)在沉船事故中,救生衣会限制落水者四肢的正常活动,不利用其在海水中游动。

(4)海上环境复杂,救生衣抵抗风浪的能力非常弱,虽然可以在短时间内起到救生作用,但不足以让落水者在海水中长时间使用。

(5)多数船用救生衣不能自动扶正,落水者当发生昏迷或者意外受伤时,一旦向海水中下沉,若无法自动扶正,则很有可能会溺水身亡。

三、气胀式救生筏

气胀式救生筏(简称救生筏)是在船舶遇险时船员使用的一种救生设备,是用橡胶、尼龙布等材料制成,用气体充胀成圆形或椭圆形,并带有顶篷的艇筏。它能被迅速地施放到水面并漂浮于水面之上供船员们登乘。气胀式救生筏的施放形式有机械吊放式和抛投式。机械吊放式救生筏在入水前已充气完毕;抛投式救生筏则在海面充气成形,在充气成形过程中救生筏可能呈倾覆状态,这样一来则需要人工下水扶正后才能供人员登乘。

1.常见气胀式救生筏

我国市面上的气胀式救生筏有 A 型、Y 型和 YJ 型。

(1)A 型救生筏的性能参数比较高,符合国际公认的海上救生用品使用规则。

(2)Y 型救生筏则是专门为中国渔船量身设计并打造的充气式救生筏系列产品,如图 6-1-5 所示。

图 6-1-5　Y 型救生筏

（3）YJ 型救生筏具有体积小、重量轻、价格低的特点。从性价比以及救援效率来看，YJ 型救生筏基本可以满足我国现有渔民近海救援需要。

2.气胀式救生筏使用注意事项

气胀式救生筏已被广泛应用于各类航行船舶上，在船用救生设备中，发挥着越来越重要的作用，成为主要救生设备的一种，也是最安全有效的救生设备之一。与其他救生设备比较，气胀救生筏最显著的特点就是体积小、重量轻、使用方便。在使用时，应注意：

（1）逃生情况下，船上人员全部登筏后，应首先解开或用安全刀割断救生筏与船舶或平台连接的缆绳，用筏内配备的划桨，迅速将救生筏划离遇难船舶。

（2）筏上人员应尽力搜寻落水者，并帮助他们登上救生筏。人员登筏后若发现水面仍有人员，则应将筏上配备的系有绳索的拯救环抛给落水者，待其抓住拯救环后将其拉至筏边，帮助他登入筏内。

（3）用筏上配备的充气器，通过充气管接头将筏底充胀成形，以便乘坐舒适并起到御寒作用。

（4）在寒冷的季节或夜晚，可将篷帐门关上，以防冷风侵入，筏内如有积水，可取出水瓢和海绵将水弄干。

（5）掌握时机，正确使用各种求救信号，以尽早被发现并获得营救。

（6）传统救生筏没有自航能力，只能顺着风流漂浮在海面上，当原有的食物和淡水耗尽，遇险者往往会失去生命。

四、海上求生信号

《规则》规定，船舶遇险时的海上求生信号有火箭降落伞信号、手持火焰信号、漂浮烟雾信号等。

（1）火箭降落伞信号，如图 6-1-6 所示，是一种手持式高空信号弹，在射至最高点时，发出 $2×10^4 \sim 4×10^4$ cd 的火光，以降落伞控制的下降速度约为 4.5 m/s，燃烧时间 40 s。

图 6-1-6　火箭降落伞信号

（2）手持火焰信号，如图 6-1-7 所示，是一种手持式发火信号，点燃后能发出 600 cd 以上的亮度，持续燃烧时间约 1 min。

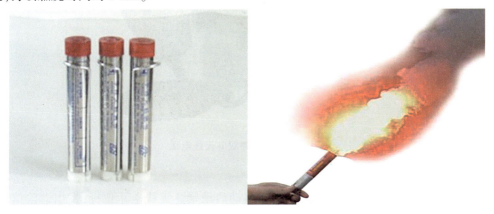

图 6-1-7　手持火焰信号

（3）漂浮烟雾信号，如图 6-1-8 所示，是白天使用的求救信号，施放后能发出橙黄色浓烟，持续 5 min，能在 5 n mile 之内见到。

图 6-1-8　漂浮烟雾信号

五、救生通导设备

渔船配备的常见救生通导设备有甚高频双向无线电话（VHF）、紧急无线电示位标（EPIRB）、搜救雷达应答器（SART）、通用报警系统和公共广播系统。

1. 甚高频双向无线电话

如图 6-1-9 所示，甚高频双向无线电话主要用于船舶间通信、救生艇筏间通信，以及救助艇筏或搜救飞机与遇难船舶间的现场通信等。甚高频双向无线电话存放在驾驶台内，电池应在有效期内或保持充电状态。

图 6-1-9　甚高频双向无线电话

2. 紧急无线电示位标

如图 6-1-10 所示，在船舶遇险时，人工或自动启动紧急无线电示位标，发出遇险信号，该信号经海事卫星转发至相关的搜救中心。EPIRB 通常存放在驾驶台两翼的舷墙或栏杆上或驾驶台位置附近，存放处要有明显标志。EPIRB 的启动可以分为人工启动和自动启动。人工启动，即人工打开外壳，取出 EPIRB，30 s 后开始发出遇险报警；自动启动，即 EPIRB 随船下沉水中 3 m 以下，静水压力释放器自动释放，示位标浮出水面，发射遇险报警。

3. 搜救雷达应答器

如图 6-1-11 所示，搜救雷达应答器是搜救船舶在搜救遇难船舶时，配合 9 GHz 雷达，近距离发现幸存者的一种主要搜救手段，是船舶必备的 GMDSS 设备之一。SART 存放于驾驶台内两侧的存放架上，存放位置应有明显标志。

图 6-1-10　EPIRB

在船舶遇险弃船时，船员必须携带 SART 下船，然后安装并启动 SART。在没有雷达脉冲的作用下，SART 处于接收状态；在雷达扫描脉冲的作用下，SART 发射应答信号，应答信号在搜救雷达荧光屏上，沿半径方向显示出一连串（最多 12 个）的亮点。亮点的个数与雷达的量程、SART 与搜救船的距离有关。其中,第一个亮点到雷达荧光屏中心的距离是搜救船到幸存者的距离;12 个亮点的连线与艏线的夹角就是搜救船到幸存者的相对方位。12 个亮点的距离大约是 8 n mile,每两个亮点的距离大约是 0.65 n mile。当搜救船逐渐靠近 SART 时,亮点逐渐变为圆弧,进而变成同心圆。

图 6-1-11 9 GHz SART 雷达应答器

4.通用报警系统

通用报警系统可以发出通用报警信号。该信号由 7 个或 7 个以上短声继以 1 长声号笛。全船所有起居处所和经常工作处所应能听到该信号。通用报警系统启动后能连续发出报警,直到人工关闭或公共广播系统的信息暂时打断。

5.公共广播系统

公共广播系统可以广播包括紧急信息在内的各类信息,能向船员经常活动的地方广播信息,包括集合地点。

六、其他救生设备

近年来,科技的发展催生了许多智能救生设备。这些设备在一定程度上可以弥补上述传统救生设备存在的不足,有利于保障落水者的生命安全。

1.可自动移动的救生圈——USafe

USafe 救生圈,如图 6-1-12 所示,可通过遥控器进行控制,能迅速准确地到达落水者身旁。它的外形为 U 形,这样可以为落水者提供充足的活动空间。同时,它还拥有自动推进功能,可以载着落水者航行。另外,通过测试,它能在极端恶劣的环境中很好地完成救援任务。

图 6-1-12　可自动移动的救生圈——USafe

2. 个人落水示位标

个人落水示位标(AIS-MOB 装备),如图 6-1-13 所示,是一种示位报警装备,因小巧灵便所以能随身携带。其也可以安装在救生衣等传统设备上,在紧急情况下,发出报警信号,定时将落水者的具体位置发送到 AIS 终端设备,提高了救援效率。另外,它待机时间较长,有利于落水者在长时间等待救援时使用。

图 6-1-13　AIS-MOB 装备

3. 腕带式救生设备

腕带式救生设备,如图 6-1-14 所示,开启后不到 1 s 便能将大量气体充满气囊,快速将落水者救起,避免耽误救援时间。它小巧轻便,不会限制使用者的正常作业。

图 6-1-14　腕带式救生设备

思考题：

1. 比较传统救生设备与新型智能救生设备的优势与不足,并探讨如何改进以提高救援效率。

2. 简述甚高频双向无线电话(VHF)、紧急无线电示位标(EPIRB)和搜救雷达应答器(SART)在海上救援中的作用和关键操作要求。

第二节　渔船碰撞后应采取的应急措施

在碰撞事故发生以后,根据渔船的受损程度,事故渔船的情况可以分为渔船即刻倾覆的情况、危及渔船及渔船船员生命的渔船即将倾覆的情况和不危及渔船及船员生命安全的一般事故情况。本节主要针对这些情况介绍渔船在发生碰撞后应采取的应急行动。

一、渔船即刻倾覆的情况

如图 6-2-1 所示,在渔船即刻倾覆情况下,渔船船员要根据现场情况积极主动开展自救,充分利用船上救生设备,运用海上求生知识和技能,克服海上的困难和危险,延长自己生存的时间,直至脱险获救。

图 6-2-1　渔船即刻倾覆

二、危及渔船及渔船船员生命的渔船即将倾覆的情况

当危及渔船及渔船船员生命的渔船即将倾覆的情况出现时,渔船应立即停船,将人命救助置于首位,全力救助落水人员,并利用一切通信手段向船东、海上搜救中心(12395)、周围其他船舶等报告并求救,如图6-2-2所示,及时报告事故发生位置、遇险船舶名称、人员伤亡情况、船舶受损情况、天气海况、救助需求等。当渔船受损严重,处于沉没、倾覆、爆炸等严重危险情况并经抢救确属无效时,船长有权做出弃船决定。

图 6-2-2　船舶救援

渔船弃船应急程序通常包括:

(1)用有效的声响器具发出求救信号。

(2)在船长弃船命令下达后,驾驶员必须在电台值守,按规定发送遇险电文,直至发送成功才可离开。

(3)在弃船警报(命令)发出后,全体船员应按船舶应变部署表中职责分工完成各自的弃船准备工作,包括关闭主机、发电机、速闭装置、所有水密门窗,起动应急电源等。

(4)离船前携带国旗、船舶证书、重要文件、海图、甚高频双向无线电话、搜救雷达应答器、紧急无线电示位标等,并备足食品、毛毯等救生用具后到达指定集合地点。

(5)在船长发出弃船命令后,渔船船员应尽快登上救生筏,或者周围的救援船艇。

(6)船长应尽力保持与公司的联系,直至离船。

(7)船长离船前应查询每人所带物品,尤其是通信设备、淡水、药物和食品等,检查全船确无人员后,最后离船。

三、不危及渔船及船员生命安全的一般事故情况

渔船在发生碰撞以后,假如碰撞的破损程度不危及船舶安全,而且时间和情况允许,则应按海事处理须知的有关规定,在第一时间通报事故另一方船舶、事发水域 VTS、周围船只和请示公司,做好抢险工作。此种情况下的渔船应急一般包括堵漏应急、防污染应急、人员落水和

搜救应急以及制冷剂泄漏应急等。

1. 堵漏应急

（1）立即发出堵漏报警信号,实施堵漏应变部署。

（2）应尽可能使本船停住,消除前进或后退的惯性以减少进水量,关闭破洞舱室前后的水密装置,各项堵漏器材准备妥当方可同意对方倒车脱出。若不是两舷同时受损,则应尽可能操纵船舶使其破损的部位处于下风侧。

（3）查明漏损情况。及时测量各舱污水沟和水舱的水位和油舱油位,迅速测定破洞的位置、大小及进水情况并及时向船长报告。其他人员按应变部署奔赴指定岗位。

（4）保证水密和排水。当破损部位确定后,应立即关闭破洞、四周的水密门窗,并全力排水。

（5）调整纵倾、横倾。船舶进水后必然导致纵倾、横倾的变化,应详细测量各油、水舱的情况,利用排出、注入、移驳等方法保持船舶平衡。

2. 防污染应急

在渔船发生碰撞后,渔船上的油类、有毒有害物质、油性混合物、船舶垃圾和生活污水等的意外排放会造成水域污染,如图 6-2-3 所示。船舶一旦发生污染,应迅速做出反应,竭尽全力控制和消除污染。

图 6-2-3　海上油污染

（1）若渔船发生碰撞出现溢油的情况,则应立即采取应急措施。船长发出溢油报警信号(一短二长一短声,连放 1 min),全船人员按船上油污应急计划中的"检查表"和应变部署表实施应急反应。

（2）发生溢油的渔船在实施应急反应的同时,应立刻按船上油污应急计划中的报告要求,通过有效的通信手段向应急领导小组和主管机关报告,内容包括:

①发生溢油事故的船名、日期和时间、船位、溢油部位和事故原因、溢油的估计量。

②溢油海区的气象情况,包括流速和流向、浪高和风浪的方向等。

③船上货物及燃油的种类、数量。

④溢油控制情况、被污染海区、正在采取的措施、要求的援助。

（3）应急领导小组协助和指导渔船制定有关处置方案,并协调有关力量和资源协助和指导船舶实施应急。

（4）当溢油事故危及人员、渔船安全时，船长有权实施人员撤离或弃船计划，以确保人身安全。

（5）对溢油采取的行动，按船上油污应急计划执行。

3. 人员落水和搜救应急

渔船由于吨位小，在海上航行摇晃颠簸严重，很容易造成人员落水，如图6-2-4所示。渔船人员落水和搜救应急程序通常包括：

图6-2-4　海上落水人员

（1）航行中发现人员落水时，值班驾驶员应迅速按下 GPS 上"SAVE"或"MOB"按钮，记录人员落水概位，并立即抛下带有自亮灯浮的救生圈。

（2）立即向人落水一舷操满舵甩开船尾，然后根据不同外界环境，采用单旋回法或威廉逊旋回法（Williamson Turn）进行搜救。

（3）用有效的声响器具发出人落水警报（警铃或气笛连续发出三长声，持续 1 min），全体船员迅速按应变部署表到达各自岗位。

（4）船长立即报告公司指定人员及调度室，并根据船位报告就近港口主管机关或海上搜救中心。

（5）船长或驾驶员用 VHF 通报附近船舶及就近港口主管机关。

（6）按应变部署表的职责规定，救援人员应于救生信号发出后 2 min 内穿着救生衣，携带规定的救生器材到达指定地点。

（7）在救生报警信号发出后，机舱固定人员在轮机长领导下即刻做好主机随时变速的准备。

（8）保持与公司的联系，按公司应急领导小组的指示（意见）指导搜救。

（9）将搜救情况和以下事项报告公司，并按公司指示做好善后处理工作：

①事故状况。

②落水者姓名。

③救生开始、结束的时间、地点。

④救生方法、天气等情况。

⑤被救者的健康状况等。

4. 制冷剂泄漏应急

船舶常用制冷剂有氟利昂和氨。氟利昂无色无味,泄漏后迅速汽化,浓度达到一定程度后可导致窒息,汽化后会产生低温,身体接触会冻伤。氨是一种无色且具有强烈刺激性气味的气体,也是一种碱性物质,对接触的皮肤组织有腐蚀和刺激作用。

渔船发生制冷剂泄漏时,应做到:

(1)立即发出警报,清点人数,分派抢险、抢修任务。

(2)若有人员受伤或被制冷剂伤害,则应根据制冷剂的不同进行相应的应急处置,必要时请求公司进行岸基的无线电医疗援助。

(3)轮机长应组织人员关闭相关管路,切断制冷剂泄漏源,起动风机进行充分通风,并派遣人员携带呼吸器和安全用具到达泄漏处所查找泄漏点。

(4)若发现人员失踪,则船副应立即派遣救援人员携带呼吸器和安全用具到达泄漏处所搜寻救助。

(5)若泄漏导致人员必须撤离机舱而影响船舶安全航行,则船长应就近抛锚或漂航,进行修理。

(6)船长应考虑因暂时停止制冷而对货物产生的影响,必要时请示公司,请求援助。

思考题:

1. 简述渔船在即刻倾覆和即将倾覆情况下应采取的紧急自救措施。

2. 在发生一般碰撞事故时,渔船如何分别应对堵漏、防污染及人员落水和搜救?

第三节　渔船船员的求助与自救

在海上碰撞事故中,及时求助与自救对于保障渔船船员生命安全至关重要。在遇险时,渔船船员不仅要迅速通过各种通信渠道发出求救信号,还要根据实际情况采取正确的自救措施。熟悉并掌握这些应急程序,能够极大地提高在事故发生时存活下来的概率。本节内容介绍了渔船发生碰撞事故后船员求助和自救的关键步骤及注意事项。

一、渔船发生碰撞后的求助

1. 报警

渔船在遇险后应迅速通过 VHF 的 CH16、卫星电话等设备报警,并保证这些通信设备 24 h 畅通。船员应牢牢记住海上求救电话"12395",及时报告本船动态,包括遇难船舶的名称、国籍、呼号、船位、事故性质、落水人数及救援需求等。

2. 向碰撞对方船舶求助

应及时向碰撞对方通报事故情况,及时让对方停船协助救助。若碰撞船舶碰撞后不知情而继续航行,则应通过船上通信设备及时向编队、附近渔船和相关部门求救。

3. 向附近船舶求助

第一时间向附近船舶求救也是碰撞事故中有效的求生方法。

4. 马上发出遇险信号

渔船在发生碰撞事故后，应马上释放相应遇险信号（如图6-3-1所示），让周围船舶及对方船舶觉察到危险。同时，遇难船舶要做好随时启用救生筏、救生艇的准备。

5. 记录事故信息

在确保人员安全的条件下，记录事故的发生时间、位置及对方船舶的特征，以利于后续调查中维护自身权益。渔港水域事故、渔港水域外的渔船间碰撞事故应报告相关渔政部门进行调查处理，其他事故则应报告相关海事部门进行调查。

图 6-3-1　海上求救

二、渔船船员自救

1. 自我保护原则

渔船船员在自救的过程中应遵循如下原则：

（1）尽量多穿衣服，穿好救生衣。

（2）避免直接落入水中。

（3）注意防寒、遮阳，确保入水后能尽快登上救生艇或救生筏。

（4）使用如SART等定位和求救设备，提高被发现的概率。

（5）合理分配淡水与食物，保持坚定的求生信心。

2. 选择合适的逃生方式

根据事故情况选择合适的逃生方法：

（1）两船相撞，应快速离开碰撞处，稳住自身以防止摔伤。

（2）若船舶沉没慢，则应穿好救生衣等快速跑向甲板集合点，集合点有救生艇帮助逃生，应按照艇长或者船长指示弃船逃生；注意站在船身高处，不可跑进船舱。

（3）若船舶沉没快，则应听到弃船警报信号，穿好救生衣等以最快速度逃生。

3. 正确的弃船位置与跳水姿势

（1）若无法及时登上救生艇筏，在弃船时，则应选择较低位置，并避开水面漂浮物。

（2）若船体倾斜，则应从船首或船尾较低处跳下。

（3）应采取正确姿势跳水，即双脚并拢、紧贴身侧、身体收缩（如图 6-3-2 所示），确保头部能够高出水面，减小落水时受冲击的风险。

图 6-3-2　正确的跳水姿势

4. 渔船船员跳水后的自救

（1）尽量避免活动过多而损失能量和热量，减少身体和衣服间的温水"排出"。

（2）留在沉船附近（确保沉船附近无漩涡效应），抓住漂浮物，更易被发现。

（3）找出救生衣上的口哨，开启信号灯。

（4）全身猛烈发抖，感到剧痛，是人体正常反应，没有危险。

（5）若肌肉痉挛、抽筋，则应先深呼吸放松四肢，再按摩痉挛、抽筋部位。

5. 在水中穿着救生衣时的正确姿势

（1）"HELP"姿势

身体缩成一团，两腿并拢至胸部，两肘紧贴身体，两臂交叉放胸前，仰浮在水面，减少体温散失，应特别注意头部保暖，如图 6-3-3 所示。

图 6-3-3　"HELP"姿势

（2）"HUDDLE"姿势

与其他人紧紧抱成一团,增加皮肤接触面积,如图6-3-4所示。

图6-3-4　"HUDDLE"姿势

6. 在水中没有救生衣时的正确姿势

（1）若会游泳,则应采取最节省体力的"水母漂",即全身放松,脸朝下,四肢下垂,像水母一样静静漂浮;在换气时,双手以蛙泳姿势向身侧一划,头探出水面换气,随后再低头闭气,恢复漂浮姿势。

（2）若不会游泳,则需利用身边可得的物品自救。例如,将长裤两个裤腿吹入空气,扎紧出口,做成漂浮气囊,如图6-3-5所示。

图6-3-5　利用裤子制作漂浮气囊

7. 救生艇筏救助时的注意事项

（1）小心爬上救生艇筏,切勿争先恐后向上跳。

（2）在登上救生艇筏后,擦干身体,把头包上,松开鞋带给四肢活血。

（3）用帆布、衣服来挡风,避免冷风吹入。

（4）切勿喝海水、喝酒,可食用海藻充饥。

（5）积极海上求生。

（6）用反射镜不停照射,发射信号弹,用鲜艳的衣服做旗子等。

思考题：

1. 简述渔船发生碰撞事故后,船员应如何向对方船舶和附近船舶求助。

2. 在自救过程中,若无法立即登上救生艇筏,则船员如何选择最佳弃船位置和采用正确跳水姿势?

第七章 商渔船船长谈避碰

本章通过访谈大量的商渔船船长,对商渔船在避碰工作中遇到的问题和经验进行了总结,目的是让双方船员更加了解商渔船之间航行习惯和作业差异。通过换位思考的方式,加深商渔船船长双方的沟通理解,破解相互认知不足、沟通不畅、避让不协调等难题,并对新修订的《中华人民共和国海上交通安全法》中涉及商渔船安全的相关内容做了介绍。

第一节 商船船长谈避碰

在复杂的海上交通环境中,商渔船的会遇频繁,而商船由于体积大、航速快、惯性强,避碰操作难度更大。船长在实际避碰中面对各种不确定因素,需要根据自身航行条件和周边环境做出及时、正确的判断和调整。本节总结了商船在实际避碰中存在的问题,以及针对渔船特点的预防与协同避碰建议。

一、商船在实际避碰中存在的问题

(1)商船一般船速较快,在对遇和交叉局面中距来船6~8 n mile 时就应采取行动,希望和来船保持会遇距离为 2 n mile 左右。

(2)商船一般在海上避让时采取"舵让为主,车让为辅"的基本原则,大多数情况下采用转向避让的措施。

(3)一般商船排水量大、惯性大,单位排水量分摊的主机功率小,船舶冲程增大,变速、变向时间较小型船舶显著延长,停车和倒车制动性能差。

(4)由于现在商船导航设备性能良好,即使是在能见度不良的大雾天气,商船也并非备车减速航行。

(5)由于受到狭水道可航水域的限制,商船采用大角度转向的方法来避让来船是难以实施的,因此渔船在狭水道航行时要特别注意。

(6)空载船、集装箱船、滚装船等商船具有很大的视觉盲区,对处在该区域的渔船来说是重大威胁;同时,商船的仪器设备如雷达等也有盲区。

(7)商船驾驶员一般会严格遵守《规则》。若会遇的渔船为非从事捕鱼作业的船舶,而是正常航行状态,则商船一般会按照《规则》要求航行,不会给渔船让路。

(8)商船通信设备良好,且时刻保持守听状态。但是,多数商船驾驶员对渔船、渔船作业和值班情况等了解有限,对不同类型的渔船号灯、号型不熟悉,对不同类型渔船的作业方式了解不足。

(9)部分商船船员长期在外海航行,对沿海渔区的情况不熟悉度,避让渔船的经验较少。同时,二副、三副在值班时可能存在疲劳驾驶和瞭望不足的问题,未能有效预防碰撞事故。

二、针对渔船特点的预防与协同避碰建议

(1)渔船应了解水道、航路分布,尽可能避开商船习惯航路和交通密集水域作业。

(2)希望渔船遵守《规则》,加强值班,特别是夜班的航行、作业值班,加强瞭望,主动做好与商船的沟通联系,保持应有的戒备。

(3)渔船切勿在航道内以及航道附近的非捕捞区进行捕捞作业。

(4)渔船尽可能编队出海作业,严禁"带病"出海,严禁超抗风等级、超航区、超载、载客,禁止"抢船头"。

(5)希望渔船能改进渔船导助航设备,增加常用VHF通信频道,拓宽商渔船海上沟通协调的渠道。

(6)渔船船员应注重安全意识、责任意识、法律意识和自身业务能力的提升。

(7)渔船在出海作业或者航行等任何时候均需要保持雷达及视觉瞭望,在发现大船时要主动按照《规则》进行避让。

(8)熟悉大船操纵特点,一般的大船驾驶员都是进行舵让,在比较紧急的情况下才会减速车让。

(9)渔船应注意使用VHF与商船保持沟通,尤其是在大船呼叫时,应及时回应,以便协调避让。

(10)渔船在从事捕鱼作业时要按照《规则》正确显示号灯、号型,以便被大船瞭望发现,提前避让。

(11)安装AIS,且在海上不可以关闭,以便大船了解渔船动态。

思考题:

1.商船在实际避碰操作中存在哪些问题?

2.讨论渔船如何提升自身的避碰能力。

第二节　渔船船长谈避碰

在繁忙的海上交通环境中,商渔船经常会面临会遇情况。由于渔船作业方式多样、船型较

小且驾驶台低矮,而商船体积大、航速快和惯性大,双方在避碰过程中存在较大差异。为了降低事故风险,提高避碰成功率,双方都应清楚各自特点、遵守《规则》,并采取相应措施。本节总结了渔船在实际避碰中存在的问题、针对商船特点的预防与协同避碰建议以及在碰撞事故中希望商船采取的措施。

一、渔船在实际避碰中存在的问题

1. 视野受限

(1)渔船驾驶台低矮,导致对船舶两舷及后部的观察不充分;

(2)空载状态下渔船船头较高,阻挡驾驶员前方视野。

2. 机动性与作业状态

(1)渔船机动性相对较强,转向或调头灵活;

(2)正常航行时,渔船船速一般为 8~9 kn,而捕捞作业时船速降低至 3~5 kn,操纵能力受到限制。此特点可作为判断作业状态的参考。

3. 渔船作业方式多样

常见渔船作业包括帆张网作业、笼壶作业、漂流刺网作业、拖网作业、定置张网作业、围网作业、钓具作业等。在不同作业方式下,船舶动态和作业区域差异较大。

4. 渔汛期和大风等环境因素

在渔汛期间以及大风影响前后,渔船会集中回港或出港、编组结队航行,容易使航道拥挤。

5. 不良作业习惯

部分渔船驾驶员因判断失误,近距离抢越大船船头;有时为保护渔具或渔网,会故意朝大船驶近,逼迫大船转向避让。

6. 防撞能力及船间距控制能力较弱

商船即使轻微擦碰,也可能对渔船造成严重损伤甚至翻沉;同时,大船过近驶过可能产生浪损或船吸现象。

7. 设备和通信问题

有些夜间锚泊的渔船未按规定值班、显示号灯或开启 AIS;部分渔船可能存在 VHF 的 CH16 未值守的情况;此外,大量渔网网位仪可能干扰 AIS、雷达回波和电子海图的正常使用。

8. 人员素质和应急能力不足

在渔汛期间,船上往往招募内陆务工人员。虽然船员人数多,但应急自救能力较弱,容易导致群体性伤亡事故。

二、针对商船特点的预防与协同避碰建议

(1)航线尽量使用推荐公共航路,尽可能避开渔船集中作业区。

(2)检查、测试雷达、电子海图、AIS、VDR、VHF、航行灯和声号设备,确保正常可用。

（3）熟悉掌握渔区航行注意事项及避碰措施。

（4）在渔区航行时，船长上驾驶台亲自指挥，自动舵转换为手动舵。

（5）在航行中，值班驾驶员加强瞭望，杜绝疲劳驾驶、酒后驾驶。

（6）开启两台雷达，远近配合观测。

（7）在发现周边渔船速度 3 kn 左右时，应及早协调避让，保持 1 n mile 以上距离通过。

（8）在紧急避让时，除了用舵避让外，应同时考虑减速停车避让。

（9）避让行动要充分考虑周围环境，以免造成与其他船舶的紧迫局面。

（10）在避让行动后，要确认避碰的有效性。

（11）应遵守《规则》，在避让时坚持"早、大、宽、清"。尝试提前通过 VHF 的 CH16 呼叫渔船，协调避让行动。在沟通时要充分考虑口音、语言表达等方面的局限，确保双方互相清楚对方意图。

（12）警惕渔船近距离的不协调行动。发现需紧急避让的渔船，可用探照灯闪烁至少 5 次，或用连续声号引起渔船注意。

（13）在遇到密集的渔船群时，最好采取绕航的方法主动避开渔船群；在不得不穿越渔船作业区时，必须极其谨慎地驾驶船舶，主机备车并控制好速度。

（14）在避让拖网渔船时，在判明其动向和条件许可的情况下，应尽可能从其船头通过；在避让双拖渔船时，不能从双拖渔船中间穿越。

（15）在避让渔船时，如环境与条件许可，应在距离 4 n mile 或以外开始用舵避让。

（16）在能见度良好时，如从其船头经过，应注意风流压的影响，最好能保持 1 n mile 或以上的会遇距离；如从其船尾经过，最近会遇距离需在 2 n mile 以上，以确保航行安全。

（17）在能见度不良时，应充分考虑当时环境与条件的局限性，更早地采取大幅度的避让行动，以确保与渔船有更为安全的会遇距离。

三、在碰撞事故中希望商船采取的措施

（1）在碰撞不可避免时，应尽可能避免本船船首撞击渔船正面。

（2）在发生碰撞事故后，应立即停船，将人命救助置于首位，全力实施救助。在全部遇险人员脱险前，只要不严重危及自身安全，严禁放弃搜救、擅自驶离现场。

（3）立即呼叫周边船舶参与救助。

（4）通过一切有效途径，立即向就近的主管机关报告，报告内容包含事故发生位置、遇险船舶名称、人员伤亡情况、船舶受损情况、天气、海况、救助需求等。

商渔船都应该高度警惕碰撞风险，遵守《规则》，时刻保持戒备、加强瞭望，严格按照规定显示号灯、号型，采用安全航速，谨慎驾驶，认真吸取商渔船碰撞事故惨痛教训，举一反三，切实提高事故防控意识。如遇水上险情，应及时拨打全国统一水上遇险求救电话"12395"。

思考题：

1. 简述渔船在实际避碰中存在的问题。

2. 讨论商船进入渔船密集作业区前应采取哪些预防措施。

第三节 《中华人民共和国海上交通安全法》中涉及商渔船相关内容的介绍

《中华人民共和国海上交通安全法》(以下简称《海上交通安全法》)由中华人民共和国第十三届全国人民代表大会常务委员会第二十八次会议于2021年4月29日修订通过,自2021年9月1日起施行。近年来,我国海上商渔船碰撞事故频发,渔业从业者生命、财产安全受到严重的威胁,渔业安全形势非常严峻。此次修订对于进一步促进渔业安全的发展,保障渔业从业者的合法权益提供了重要保障。

一、涉及商渔船安全相关内容更新介绍

此次修订新增了八项法律制度,主要包括:
(1)航运公司安全与防污染管理制度。
(2)船舶保安制度。
(3)船员在船工作权益保障制度。
(4)船员境外突发事件预警和应急处置制度。
(5)海上交通资源规划制度。
(6)海上无线电通信保障制度。
(7)特定的外国籍船舶进出领海报告制度。
(8)海上渡口管理制度。

其中,第六条和第十四条新增了船员在船工作权益保障制度。这是首次将船员权益保障写入法律。这对于渔业从业人员的海上作业提供了切实可靠的法律保障。此次修订的第十六条,还增加了船员境外突发事件预警和应急处置制度。这对于渔业从业人员在海上作业时出现的突发情况的处理提供了具体的应急方案,为保障渔业从业人员的生命财产安全提供了有效保障。

此次修订完善了六项法律制度,主要包括:
(1)船员管理制度。
(2)货物与乘客运输安全管理制度。
(3)维护海洋权益有关法律制度。
(4)海上搜寻救助制度。
(5)交通事故调查处理制度。
(6)法律责任和行政强制法律制度等。

其中,第十三条要求中国籍船员和海上设施上的工作人员应当接受海上交通安全以及相应岗位的专业教育、培训,并要求持证上岗。这对于强化渔业从业者的专业知识,自觉遵守相关法律法规,有效打击非法捕捞行为,维护渔业从业者的合法权益,维护渔业海上作业的秩序提供了有力的保障。此次修订的第六章完善了海上遇险人员的搜救机制,明确了海上遇险人

员依法享有获得生命救助的权利以及海上救助的工作原则。

二、对渔业水上安全管理的要求

此次《海上交通安全法》的修订,对渔业水上安全管理起到了重要的作用。渔业相关部门以及渔业从业者应积极将新修订的海上交通安全法有关要求,切实贯彻落实到具体的渔业生产以及安全管理中。渔业渔政管理部门要积极组织渔业从业者认真学习新修订的海上交通安全法的法律法规,进一步提高渔业从业者海上作业的安全意识。同时,渔业渔政管理部门应结合新修订的《海上交通安全法》加强渔业安全生产管理制度建设,完善配套的安全管理措施,保障渔业从业者的生命财产安全。此外,结合新修订的海上交通安全法,深化渔业安全执法检查,加强与海事及海警等部门的沟通,加大对作业渔船的监督检查,严厉打击违法作业行为,全面整治渔业安全生产中存在的安全隐患。值得一提的是,结合新的海上交通安全法,各级渔业渔政管理部门设立全国渔业安全应急值守电话95166,成立农业农村部、海区、省、市、县五级联动的渔业安全应急中心,对渔业安全与应急管理更加高度重视,对各类渔业生产中发生险情及时受理、核查并及时处置,不断完善渔业安全与应急处置管理机制,总结经验。最后,秉持"人民至上,生命至上"的原则,完善海上救助措施,做到及时有效地保障渔业从业人员的生命安全,筑起海上安全线,维护海上的安全稳定。

三、最新的《海上交通安全法》中关于商渔船避碰安全的条款

最新的《海上交通安全法》对涉及商渔船航行水域安全、海上碰撞交通事故调查,以及渔业船员、渔业无线电、渔业航标的监督管理,渔业船舶的登记管理,渔港水域内的海上交通安全管理等做了明确规定。各项规定如下:

第十九条 海事管理机构根据海域的自然状况、海上交通状况以及海上交通安全管理的需要,划定、调整并及时公布船舶定线区、船舶报告区、交通管制区、禁航区、安全作业区和港外锚地等海上交通功能区域。

海事管理机构划定或者调整船舶定线区、港外锚地以及对其他海洋功能区域或者用海活动造成影响的安全作业区,应当征求渔业渔政、生态环境、自然资源等有关部门的意见。为了军事需要划定、调整禁航区的,由负责划定、调整禁航区的军事机关做出决定,海事管理机构予以公布。

第四十三条 船舶进出港口、锚地或者通过桥区水域、海峡、狭水道、重要渔业水域、通航船舶密集的区域、船舶定线区、交通管制区,应当加强瞭望,保持安全航速,并遵守前述区域的特殊航行规则。

第八十二条 特别重大海上交通事故由国务院或者国务院授权的部门组织事故调查组进行调查,海事管理机构应当参与或者配合开展调查工作。

其他海上交通事故由海事管理机构组织事故调查组进行调查,有关部门予以配合。国务院认为有必要的,可以直接组织或者授权有关部门组织事故调查组进行调查。

海事管理机构进行事故调查,事故涉及执行军事运输任务的,应当会同有关军事机关进行调查;涉及渔业船舶的,渔业渔政主管部门、海警机构应当参与调查。

第一百一十八条　公务船舶检验、船员配备的具体办法由国务院交通运输主管部门会同有关主管部门另行制定。

体育运动船舶的登记、检验办法由国务院体育主管部门另行制定。训练、比赛期间的体育运动船舶的海上交通安全监督管理由体育主管部门负责。

渔业船员、渔业无线电、渔业航标的监督管理，渔业船舶的登记管理，渔港水域内的海上交通安全管理，渔业船舶(含外国籍渔业船舶)之间交通事故的调查处理，由县级以上人民政府渔业渔政主管部门负责。法律、行政法规或者国务院对渔业船舶之间交通事故的调查处理另有规定的，从其规定。

除前款规定外，渔业船舶的海上交通安全管理由海事管理机构负责。渔业船舶的检验及其监督管理，由海事管理机构依照有关法律、行政法规的规定执行。

浮式储油装置等海上石油、天然气生产设施的检验适用有关法律、行政法规的规定。

最新的《海上交通安全法》的修订从制度创新、监督管理、事故调查、应急处置等方面，为商渔船航行安全和渔业从业者权益保障提供了更为健全的法律支撑。通过强化专业培训、完善安全管理制度、加大联合执法力度以及健全应急联动机制，不仅能够及时、有效地减小海上商渔船碰撞事故风险，也切实筑牢了渔业生产的安全防线，为海上交通和渔业可持续发展奠定了坚实基础。

思考题：

在复杂海域环境下，如何落实《新海上交通安全法》对船员管理和安全航行的规定，从而最大限度地防止商渔船碰撞事故？

第八章 典型案例分析

近年来,我国沿海商渔船碰撞事故层出不穷。通过查阅事故调查报告可以看出,很多碰撞事故都存在一定共性。本章选取我国沿海海区近年来典型案例,汇集了渔船"抢船头"、渔船驾驶台无人值守、渔船正常航行时不让路、商船穿越渔船编队、商渔船浓雾中碰撞、狭水道商渔船碰撞等多个商渔船碰撞典型案例事故,从案例介绍、事故原因及过失分析、责任认定及事故结论、事故反思等方面介绍案例,给读者以警示。

第一节 漠视生命的行为:渔船"抢船头"

渔船没有固定航线,经常穿越商船航线。渔船"抢船头",即渔船近距离强行横越正常航行的大型船舶船首的行为,近年来已经成为导致商渔船碰撞事故最多的行为,严重影响船舶航行安全及渔民的生命安全。

一、案例介绍

2021 年 4 月 21 日 2028 时左右,中国台湾籍集装箱船"长辉"轮("EVER LUCID"轮)(图8-1-1)装载 2 568 个集装箱,从上海洋山港驶往台湾高雄港途中,在东海水域与宁波象山籍渔运船"浙象渔运 01119"轮(图 8-1-2)发生碰撞(概位:30°12.96′N,123°02.23′E),事故造成"浙象渔运 01119"轮沉没。船上 6 人,其中 1 人获救,5 人失踪,构成较大等级水上交通事故。

图 8-1-1 "长辉"轮("EVER LUCID"轮)

图 8-1-2 "浙象渔运 01119"轮

二、事故原因及过失分析

事发时段、事发海域的能见度良好,存在大量航行、作业渔船,"长辉"轮与"浙象渔运01119"轮均为在航机动船,适用《规则》的规定,互有避让责任。

(一)"浙象渔运01119"轮的过失

1.错误地采取左转向

"长辉"轮 VDR 记录(图 8-1-3)显示:

2018 时左右,"浙象渔运01119"轮与"长辉"轮相距 4.68 n mile,雷达标绘显示"浙象渔运01119"轮将在安全距离外通过"长辉"轮船首。

2024 时左右,"长辉"轮航向西南,航速为 19.1 kn,"浙象渔运01119"轮位于"长辉"轮船首正前方,距离约为 1.7 n mile,航向为 357°,航速约为 9.1 kn,两轮航向约成 135°/45°交角,"浙象渔运01119"轮可安全驶过"长辉"轮艏线后进入其左侧水域。

2025时左右,"浙象渔运01119"轮突然向左转向,直接导致两船形成紧迫危险。此后,"长辉"轮右转向避让,"浙象渔运01119"轮继续向左转向,从"长辉"轮船首左舷驶入"长辉"轮船首盲区并最终与"长辉"轮船首左舷发生碰撞。

"浙象渔运01119"轮错误左转向是导致本起事故的直接原因,违反了《规则》第八条的有关规定。

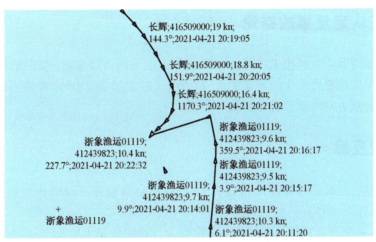

图 8-1-3　事发现场海图

2. 未能对当时的局面和碰撞危险做出充分估计

综合分析事发前两轮的航迹、态势和动态,以及当时附近船舶的通航情况可知,"浙象渔运01119"轮在距离"长辉"轮约 1.5 n mile 处即将驶过"长辉"轮时,大角度左转向朝着"长辉"轮航行,表明该船船长未能对当时的局面和碰撞危险做出充分估计,违反了《规则》第五条的规定。

3. 未正确显示号灯

根据调查,"浙象渔运01119"轮事发前开启了甲板工作灯,削弱了本船的号灯显示特征,影响他船观测,同时甲板灯光也妨碍本船驾驶员的有效瞭望,违反了《规则》第二十条的规定。

(二)"长辉"轮的过失

1. 未及早采取大幅度避让行动

2018时左右,"长辉"轮船长首次发现"浙象渔运01119"轮,距离为 4.68 n mile,判断渔船安全过本船船首。

2025时左右,两船相距 1.35 n mile,船长发现"浙象渔运01119"轮左转,存在碰撞危险,随后下令右舵 10 转向避让,之后虽有指令向右避让,但直到 2028 时左右才下令右满舵。"长辉"轮船长未及早地采取大幅度转向避让行动,违反了《规则》第八条的规定。

2. 未采用安全航速

事发时段、事发海域存在大量航行、作业渔船,船舶密度大,通航环境复杂,"长辉"轮以约 19 kn 的速度行驶,在近距离避让"浙象渔运01119"轮时也未减速。"长辉"轮船长未充分考虑当时的通航密集程度,未采用安全航速行驶,违反了《规则》第六条的规定。

3. 未有效核实避让行动的有效性

在事发前,"长辉"轮船长及时发现并判断与"浙象渔运01119"轮存在碰撞危险,采取了避让措施,但船长未对是否驶过让清"浙象渔运01119"轮进行认真查核即驶离现场。"长辉"轮船长未有效查核避让行动的有效性,违反了《规则》第八条的规定。

三、责任认定及事故结论

本起事故系当事双方船舶未严格遵守《规则》而引发的责任事故,双方互有过失。比较事故双方的过失程度与事故发生的因果关系,调查组认定本起事故中"浙象渔运01119"轮与"长辉"轮过失相当,双方对本起事故承担同等责任。

四、事故反思

这是一起渔船违规强行穿越商船船头失败,致使自身被撞沉没的典型商渔船碰撞事故。此案例警示我们:

(1)渔船应避免盲目穿越商船船头的危险行为,消除"抢越大船头,一年吃喝不用愁"的封建迷信思想。

(2)渔船所有人、经营人应加强渔船船员安全意识和避碰技能培训,科学使用助航仪器,杜绝危险穿越行为,为渔船配备合格适任的船员,保障航行作业安全。

(3)渔船要避免在沿海航路附近和定线制水域从事捕捞作业,在国家统一划定的渔场区域内捕鱼时,也应注意控制渔场内船舶密度,尽可能给过往商船留出足够的通行水域。

(4)商船应尽可能地全面分析本航次航线特点并制定航线,避开商渔船碰撞高发、易发及多发区,减少与渔船相遇的机会。在休渔期刚过后,在大批渔船出海捕捞时,商船需要根据本船条件,及时调整航线。

(5)商船避让渔船应立足自身,主动采取避让措施,果断采取大幅度的避让行动,并细心核查避让行动的有效性。在采取避让行动时,应遵循"早、大、宽、清"的基本原则。

(6)始终保持正规瞭望,驾驶台值班应至少保持一名值班驾驶员和一名值班水手,当通过能见度不良、狭水道、港口附近、渔区等通航密度区时还应增加瞭望人员,应保持对会遇渔船的密切关注,注意渔船有"抢船头"的陋习。

总之,渔船在海上航行或锚泊时,必须严守值班瞭望制度,任何时候都不可掉以轻心。本案例再一次警示我们,面对通航环境复杂多变、人为因素潜在风险高的海上生产活动,保持高度责任心与遵守《规则》是避免事故的关键所在。

第二节　海上重大安全隐患:渔船驾驶台无人值守

一、案例介绍

2012年3月12日1246时,岱山县高亭镇某村民所有的拖虾渔船"浙岱渔11565"轮(图8-2-1)在从高亭镇驶往海上作业渔区途中,在下三星岛东偏北约3 n mile(概位:30°27.3′N,122°35.5′E)处与利比里亚籍抛锚集装箱船"HS BIZET"轮(图8-2-2)发生碰撞,事故造成"HS BIZET"轮右舷7#压载水舱水线下方约0.5 m处船体破损,"浙岱渔11565"轮船首变形,无人员伤亡。事故直接经济损失约人民币15万元。

图 8-2-1　"浙岱渔 11565"轮

图 8-2-2　"HS BIZET"轮

二、事故原因及过失分析

"浙岱渔11565"轮瞭望严重疏忽。

首先,"浙岱渔11565"轮为拖虾渔船,无自动舵功能。碰撞前约10 min,当班驾驶员、船长离开驾驶台,导致驾驶台处于无人值班状态。其行为致使该船在潮流作用下航向右偏,径直驶向前方锚泊船,并最终导致碰撞事故的发生。

其次,根据事后调查,事发当日,事发海域能见度良好,抛锚中的"HS BIZET"轮无走锚等异常情况,且按规定在船首悬挂锚球。而"浙岱渔11565"轮船长在驾驶船舶航行过程中,未对位于本船前方的该船采取诸如雷达观测等任何有效方法进行瞭望,第一次发现该船时甚至错误地判断"HS BIZET"轮在航,其行为严重违反了《规则》第五条的规定。

三、责任认定及事故结论

本起事故是由于当事人瞭望严重疏忽而造成的人为责任事故,"浙岱渔11565"轮为本起事故全部责任者,"浙岱渔11565"轮船长为本起事故的全部责任人。

四、事故反思

本案例中,"浙岱渔11565"驾驶员存在未保持正规瞭望,未对当时的局面和碰撞危险做出充分估计和正确的判断,擅离职守,使得该渔船形成了"无人驾驶"的船舶,显然违反了《规则》的有关规定。此案例警示我们:

(1)在海上无论是航行还是锚泊,驾驶台都要保持值班瞭望,落实值班制度。驾驶员在任何时候都应使用视觉、听觉以及适合当时环境和情况的一切有效手段保持正规瞭望,以便及早发现来船并对局面和碰撞危险做出充分的估计。

(2)对于处于锚泊状态的船舶也应时刻注意:

①周围锚泊船的情况,尤其是位于上风或者上流方向锚泊船的动态,以防他船走锚危及本船安全。

②时刻关注周围航行船舶动向,对于靠近船舶应注意与本船保持足够的安全距离,必要时采取紧急措施,防止因本船或者他船靠近造成紧迫局面或者发生事故。

③在过往船舶或者邻近锚泊船起锚离泊而距本船过近时,应当密切关注其动态,若判断对本船有威胁,则应当以各种信号警告对方。

④根据锚地情况及相关规定,用甚高频无线电话在规定的频道上保持守听。船舶在锚泊情况下应保持连续不间断值班。

总之,渔船在海上航行或锚泊时,必须严格执行值班瞭望制度,任何疏忽都可能酿成严重后果。这一案例再次警示:面对复杂多变的通航环境与潜在的人为风险,唯有恪守职责、严守《规则》要求,方能筑牢安全底线。

第三节　值班不规范的行为:渔船正常航行时不让路

渔船在正常航行时不让路,是一种常见的违规现象。渔船驾驶员对《规则》不熟悉,在往返渔区和渔港正常航行途中依然认为自己是从事捕鱼的船舶,大船会给自己让路;或者存在侥幸心理,以为大船会避让渔船,以至于酿成许多海上碰撞惨案。

一、案例介绍

2017 年 9 月 18 日 0457 时左右,FRONTIER SHIPPING 有限公司所属的马耳他籍散货船"KIRAN CHINA"轮(图 8-3-1)满载镍矿从印度尼西亚驶往日照岚山港途中,在舟山东福山以东约 40 n mile 处水域(概位:30°06.8′N,123°32.5′E,图 8-3-2)与舟山市普陀区朱家尖某村民所有的"浙普渔 41117"轮发生碰撞。事故造成"浙普渔 41117"轮沉没,船上 7 人全部下落不明,构成较大等级水上交通事故。

图 8-3-1　"KIRAN CHINA"轮

图 8-3-2　"浙普渔 41117"轮

二、事故原因及过失分析

（一）"KIRAN CHINA"轮的过失

1. 未保持正规瞭望，未能对当时局面和碰撞危险做出充分的估计

当班大副未能使用适合当时环境及情况的一切有效手段保持正规瞭望，未正确使用雷达以便获得碰撞危险的早期警报，直至0447时与"浙普渔41117"轮距离约1.6 n mile时由实习生提醒才首次发现"浙普渔41117"轮（图8-3-3）。此后，大副未连续观察或雷达标绘，未能对"浙普渔41117"轮相对方位基本不变的碰撞危险做出充分的估计和正确判断，主观臆断"浙普渔41117"轮可以过其船首，错失了最佳的避让时机。

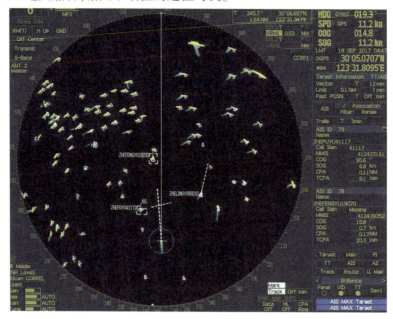

图8-3-3 事发前两船的会遇态势

2. 未采取最有助于避碰的行动

在让路船"浙普渔41117"轮显然未遵照《规则》第十六条的规定采取让路行动而构成紧迫碰撞危险局面时，"KIRAN CHINA"轮未能及时采取最有助于避碰的行动，导致碰撞事故无法避免。

（3）事发后未向主管机关报告，驶离现场，造成损失扩大

"KIRAN CHINA"轮明知与"浙普渔41117"轮发生碰撞，但未向主管机关报告；在不危及自身安全的情况下，驶离事发水域。"KIRAN CHINA"轮的上述行为，延误了对"浙普渔41117"轮遇险人员的搜救时机，造成了事故损失扩大。

(二)"浙普渔41117"轮的过失

1. 未保持正规瞭望

从碰撞前该船态势来看,该船值班驾驶员显然未能使用适合当时环境和情况的一切可用手段保持正规瞭望,未能对本船与"KIRAN CHINA"轮之间业已形成的局面和碰撞危险做出充分的估计。

2. 未采取让路船的行动

"浙普渔41117"轮作为交叉相遇局面中的让路船,未能及早地采取大幅度的行动,宽裕地让清"KIRAN CHINA"轮;在临近碰撞前1 min才采取左转向措施,终因距离过近而无法避免碰撞。

三、责任认定及事故结论

(一)事故责任认定

1. "KIRAN CHINA"轮

(1)未保持正规瞭望,未能对当时局面和碰撞危险做出充分的估计,违反了《规则》第五条、第七条的规定。

(2)未采取最有助于避碰的行动,违反了《规则》第十七条的规定。

(3)事发后未向主管机关报告,驶离现场,造成了事故损失扩大,违反了《海上交通安全法》第三十七条的规定。

2."浙普渔41117"轮

(1)未保持正规瞭望,违反了《规则》第五条的规定。

(2)未采取让路船的行动,违反了《规则》第十五条、第十六条的规定。

(二)事故结论

综上所述,本起事故是因双方不遵守《规则》和相关法律、法规,互有过失而引起的责任事故。"浙普渔41117"轮作为交叉相遇局面的让路船,存在未保持正规瞭望、未履行让路船行动的过失;"KIRAN CHINA"轮作为交叉相遇局面的直航船存在未保持正规瞭望,未能对当时局面和碰撞危险做出充分的估计、未采取最有效的避碰行动以及肇事后未向主管机关报告,驶离现场而造成事故损失扩大的过失。比较双方过失程度及事故发生的因果关系,调查组认为本起事故中"KIRAN CHINA"轮与"浙普渔41117"轮责任相当,双方对本起事故承担同等责任。

四、事故反思

本案例中,"浙普渔41117"轮作为交叉相遇局面的让路船,存在未保持正规瞭望、未履行让路船行动的过失;"KIRAN CHINA"轮作为交叉相遇局面的直航船,存在未保持正规瞭望,未能对当时局面和碰撞危险做出充分的估计,碰撞后驶离现场造成事故损失扩大的过失。此案例警示我们：

（1）根据《规则》规定，只有在使用网具、绳钓、拖网或其他使其操纵性能受到限制的渔具捕鱼时，才可被定义会从事捕鱼的船舶，但是相关船舶在未从事捕鱼时应被视作一般机动船，应严格遵守《规则》的规定。

（2）渔船在航行作业过程中应保持正规瞭望，密切关注附近航行船舶，与他船保持安全距离，构成碰撞危险时应及早避让，避免产生他船会避让我船的错误思想，如因未避让而产生碰撞事故将会追悔莫及。

（3）对于未从事捕鱼作业的机动渔船，尽管不属于"从事捕鱼作业的船舶"，也不享有直航的权利，但其驾驶员并不一定有清楚的认识，在必要时应主动避让。

（4）商船在计划进入渔区航行时，应通过公司、代理提前了解渔船作业情况，科学制定计划航线，提醒值班驾驶员加强关注。

（5）商船在我国沿海航行，尤其是渔区航行，应保持正规瞭望，通过视觉以及雷达、电子海图、AIS等导助航设备密切关注周围船舶，遇能见度不良时，应采取鸣放雾号、备车航行、通知船长等雾航安全措施，保持安全航速，及早采取有效的避让措施，保障船舶航行安全。

第四节　渔区航行的大意行为：商船穿越渔船编队

我国沿海渔业资源丰富，捕捞季节渔船繁多。为了渔业生产安全，渔船应保持编组生产，严禁超员、超载、超高、超航区作业。多数外籍船舶或大型商船，因不了解我国沿海渔船作业规律，而误入渔船编组，造成严重后果。

一、事故概况

2016年1月13日2342时左右，MINERVA MARINE INC.所属马耳他籍油船"MINERVA PISCES"轮在我国舟山沿海发生碰撞事故，如图8-4-1及图8-4-2所示。

图 8-4-1　"MINERVA PISCES"轮

图 8-4-2 "MINERVA PISCES"轮碰撞情况

从巴林驶往韩国途中,"MINERVA PISCES"轮在舟山东福山东北约 51 n mile 处(概位:30°17.08′N,123°45.32′E)与舟山市普陀区朱家尖樟州村某村民所有的"浙普渔 42234"轮发生碰撞,碰撞发生后驶离事发现场。事故造成"浙普渔 42234"船沉没,船上 5 人全部失踪,构成较大等级水上交通事故。

二、事故原因及过失分析

1. 两船均未准确判断当时的碰撞危险局面

2320 时,"浙普渔 42234"轮位于"MINERVA PISCES"轮左舷约 40°、距离约 4.4 n mile 处,两船已形成碰撞危险局面,如图 8-4-3 所示。但此后两船均未采取避免碰撞的行动,直至"浙普渔 42234"轮驶近"MINERVA PISCES"轮船首,两船已形成紧迫局面。显然两船均未准确判断当时的碰撞危险局面,违反了《规则》第七条第 1 款的规定。

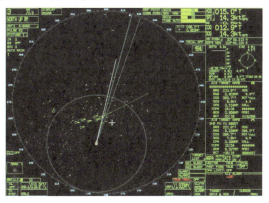

图 8-4-3 事发现场雷达图像

2. "MINERVA PISCES"轮未采用安全航速

每一船舶在任何时候均应采用安全航速行驶,以便能采取适当而有效的避碰行动,并在适合当时环境和情况的距离以内把船停住。"MINERVA PISCES"轮与编组航行渔船同时形成交又会遇局面并构成碰撞危险,仍然保持全速行驶,忽视了对当时通航密度(即渔船的密集程度),以及船的冲程、旋回性能、盲区等因素的考虑,违反了《规则》第六条第1款的规定。

3. 两船均未采取有效避让行动

2320时,"浙普渔42234"轮位于"MINERVA PISCES"轮左舷约40°、距离约4.4 n mile,两船已形成碰撞危险局面。但此后"MINERVA PISCES"轮保速保向行驶,直至碰撞发生(图8-4-4),违反了《规则》第二条第1款的规定;"浙普渔42234"轮2320—2340时保速保向行驶,2341时接近"MINERVA PISCES"轮船首时两次向右调整航向10°,2342时临近碰撞前增加航速,意图快速穿越"MINERVA PISCES"轮船首,加速了碰撞发生,违反了《规则》第八条第1款的规定。

图8-4-4 事发现场电子海图图像

4. "MINERVA PISCES"轮未查核避让行动的有效性

在"MINERVA PISCES"轮观测到"浙普渔42234"轮驶入盲区后,两船极有可能发生碰撞。但此后"MINERVA PISCES"轮未综合运用视觉、雷达等手段对"浙普渔42234"轮是否驶过让清进行有效判断,也未采用减速、停车等措施对"浙普渔42234"轮是否驶过让清进行核实,直接驶离事发水域,违反了《规则》第八条第4款的规定。

三、责任认定及事故结论

本起事故是因双方不遵守《规则》而引起的互为有过失的责任事故。"MINERVA PISCES"轮存在未准确判断碰撞危险、未采取安全航速、未采取避让行动、未核实避让行动有效性等过失;"浙普渔42234"轮存在未准确判断碰撞危险、临近碰撞前错误采取向来船转向、增加航速意图快速穿越来船船首等过失。比较双方过失程度和事故的因果关系,调查组判定"MINERVA PISCES"轮与"浙普渔42234"轮对本起事故负同等责任。

四、事故反思

本案例中,"MINERVA PISCES"轮存在渔区航行未尽到应有的戒备,闯入渔船编队,在发觉渔船未采取避让行动时未采取避让行动,未核实避让行动有效性等过失;"浙普渔42234"轮存在未按照《规则》规定保持正规瞭望,临近碰撞前错误采取向来船转向等过失。最终两船造

成严重碰撞事故,且碰撞后"MINERVA PISCES"轮存在逃逸行为。此案例警示我们:

(1)在非休渔期间,商渔船会遇局面多且复杂,商船应保持高度戒备,并应根据渔船成群结队朝一个方向航行的特点,及早制定避让方案,并充分注意到渔船不愿让商船穿插其间的情况,尽可能避免从渔船船队中间穿越,避免发生碰撞事故。

(2)在设计航线时,商船应充分考虑安全避让渔船。在设计航线前,商船应熟悉各个渔区的情况,了解所航经渔区及其周围环境、海上气象、潮汐和潮流情况。如可行,商船航线应尽可能避开渔区,适当远离岸边航行,以避开或减少与渔船相遇,尽量避免驶入渔船密集的地方。

(3)商船应尽可能使用海上的习惯主航路。海上的习惯主航路,一是离岸边距离适当,二是渔民了解,一般情况下极少有渔船在习惯主航路水域从事捕鱼。所以,商船按习惯主航路航行,极大地减少了与渔船相遇的机会。

(4)商船对渔船不遵守《规则》和其他航行规定的情况要有充分的思想准备,加强瞭望,以安全航速行驶;对渔船尽可能采取早让、宽让。渔船船员由于对《规则》理解不甚全面、为争抢渔汛多捕鱼等,往往不遵守有关的航行、避碰规定。

(5)商船要尽可能了解渔船捕鱼的方式,掌握渔船捕鱼的交通流总流向,提前制定相应的避让方案。若从渔船的渔具伸出方向通过,则应注意避开渔具,避免渔船为保护渔具而采取一些过激措施而与商船发生碰撞。在渔船密集区域,应当通过雷达观察等手段,找出渔船相对稀少的水域,谨慎操纵船舶从该水域通过,避免船舶进入渔船密集区域而发生危险。

(6)在休渔期结束后的最初一段时间内,应注意会有渔船为争抢渔汛多捕鱼,违反航行、避碰规定的情况发生。商船在渔区航行时,应及时收听海事管理机构、VTS、海岸电台等播发的安全提醒信息,了解渔船动态,及时避让渔船。

第五节　浓雾下的惨剧:
渔船沉没人全无,商船逃逸获重罪

我国华南沿海每年的12月至次年3月为雾季,闽浙沿海至长江口等东海海域的3月至7月为雾季,黄海的雾季一般为4月到8月。这些雾季也是我国沿海各渔区捕捞作业较为繁忙的季节。在能见度不良的雾季,各相关海域商渔船碰撞事故时有发生。

一、案例介绍

2012年4月2日约1500时,浙江舟山普陀区东港街道某村民所有的"浙普渔75185"轮(图8-5-1)在舟山东福山两兄弟岛偏南约11.5 n mile处(概位:29°58.7′N,122°58.6′E)与从上海洋山驶往宁波的新加坡籍集装箱船"KOTA NEBULA"轮(图8-5-2)发生碰撞,事故发生后"KOTA NEBULA"轮驶离现场。事故造成"浙普渔75185"轮沉没、船上7名船员失踪,直接经济损失约人民币80万元,构成重大等级水上交通事故。

图 8-5-1　"浙普渔 75185"轮

图 8-5-2　"KOTA NEBULA"轮

二、事故原因及过失分析

事发时段、事发海域能见度不良，"KOTA NEBULA"轮与"浙普渔 75185"轮均负有同等的避让责任和义务。

（一）"KOTA NEBULA"轮的过失

1. 严重瞭望疏忽，未及时判断碰撞危险

"KOTA NEBULA"轮在渔船密集作业区航行时未保持正规瞭望。在碰撞前约 6 min，值班水手提醒二副正前方有渔船，但未引起二副重视，也没有对碰撞危险进行判断，而是通过卫星通信电话与代理商谈抵港前事宜。即使在碰撞前雷达已发出与他船会遇距离小于 0.1 n mile 的报警（图 8-5-3），也没有引起二副的重视。其存在严重瞭望疏忽，并对碰撞危险不做判断，违反了《规则》第五条、第七条第 1 款的规定。

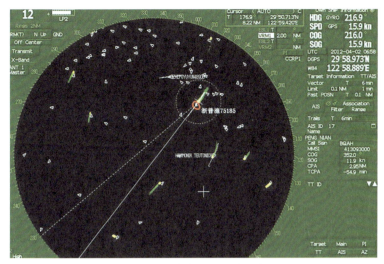

图 8-5-3　事发现场雷达图像

2. 避让措施不当

"KOTA NEBULA"轮在发现与正前方"浙普渔 75185"轮存在碰撞危险后,没有采取有效的避让行动;当两船接近至不到 1 n mile,紧迫危险已不能避免时,没有采取大幅度避让或减速、停车等紧急措施,而错误地使用自动舵采取一连串的小转向(先向右转向,再向左转向)的避让行动,违反了《规则》第十九条第 5 款的规定。

3. 未采用安全航速

事发时段、事发水域能见度极差(能见距离仅 100 多米),而且作业渔船密集,通航环境复杂。"KOTA NEBULA"轮仍以 16 kn 左右的速度在密集作业渔船群中冒险穿越航行,忽视了对当时的能见度、通航密度、当时情况下本船的冲程、旋回性能、盲区等因素的考虑,违反了《规则》第六条、第十九条第 2 款的规定。

4. 肇事后擅自驶离现场,未及时施救,造成损失扩大

在"KOTA NEBULA"轮与"浙普渔 75185"轮发生碰撞后,"浙普渔 75185"轮处于被顶推航行状态。"KOTA NEBULA"轮碰撞后的损伤情况如图 8-5-4 所示。在碰撞后,"KOTA NEBU-LA"轮甲板工作船员第一时间发现该情况并向驾驶台报告,二副未立即采取减速停车等有助于减少损失的行动。

 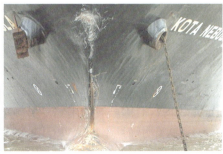

图 8-5-4　"KOTA NEBULA"轮碰撞后的损伤情况

船长在碰撞发生后即得到了报告。"KOTA NEBULA"轮在碰撞事实明确且不危及自身安

全的情况下,未采取任何措施对碰撞渔船进行核实及救助,随即驶离事故水域,造成"浙普渔75185"轮损失扩大,违反了《海上交通安全法》第三十七条的规定。

在事发后,"KOTA NEBULA"轮也未按照规定向主管机关报告,造成相关海事和搜救部门不能及时组织力量有效开展对遇难渔船的救助,直接造成了"浙普渔75185"轮人命、财产损失的扩大,违反了《海上交通安全法》第三十六条的规定。

(二)"浙普渔75185"轮的过失

"浙普渔75185"轮未保持正规瞭望,致使未能及时判断与"KOTA NEBULA"轮存在的碰撞危险;当两船形成紧迫局面时,未能采取任何有效的避让行动,违反了《规则》第五条、第七条的规定。

三、责任认定及事故结论

根据上述事故原因及过失分析,这是一起双方当班的驾驶员不遵守《规则》等交通管理规定引起的互有过失的重大人为责任事故。

"KOTA NEBULA"轮在本起事故中存在严重瞭望疏忽、避让措施不当、在渔船密集区域冒险高速航行、事故发生后逃逸等重大过失。"浙普渔75185"轮在本起事故中存在严重瞭望疏忽、未能及时判断碰撞危险和采取有效避让行动等过失。"KOTA NEBULA"轮在本起事故中的过失大于"浙普渔75185"轮,"KOTA NEBULA"轮对本起事故负有主要责任,"浙普渔75185"轮负有次要责任。

(一)责任分析

(1)"KOAT NEBULA"轮在本起事故中负有主要责任。"KOAT NEBULA"轮二副在操纵"KOTA NEBULA"轮的过程中存在严重瞭望疏忽、避让措施不当、在渔船密集区域冒险高速航行等过失,直接造成了碰撞事故的发生,违反了《规则》第五条、第六条、第七条第1款和第十九条第2款的规定。二副是本起事故主要责任人。

(2)"浙普渔75185"轮在本起事故中负有次要责任。"浙普渔75185"轮船长在驾驶船舶航行时也存在瞭望疏忽的过失,违反了《规则》第五条、第七条以及《渔业船舶航行值班准则(试行)》第八条第8款的规定。船长是本起事故的次要责任人。

(3)"KOTA NEBULA"轮船长在本起事故发生前海面能见距离只有2 n mile的情况下,违反"KOTA NEBULA"轮船公司关于能见度不良时的标准(能见距离不足5 n mile,船长应在驾驶台值守)的规定,对船舶在能见度不良航行中发生碰撞事故负责有管理过失的责任。

(4)在"KOTA NEBULA"轮与"浙普渔75185"轮碰撞后,"KOTA NEBULA"轮在船首甲板工作的船员第一时间向驾驶台二副报告后,二副随后报告了船长。二副作为当班驾驶员在接到发生碰撞报告时没有第一时间采取停车等救助行动;船长在接到二副报告船舶碰撞事故的报告后,在碰撞事实明确且不危及"KOTA NEBULA"轮自身安全的情况下,未采取任何措施对被碰撞渔船进行救助和按规定向主管机关报告,擅自驶离事故水域,违反了《海上交通安全法》第三十七条的规定。二副和船长是本起事故肇事逃逸的责任人。

（二）事故责任人的行政处罚建议

1.“KOTA NEBULA”轮

（1）“KOTA NEBULA”轮二副违反了《海上交通安全法》第九条和《规则》第五条、第六条、第七条以及第十九条2款等海上交通安全法律、法规和规章，影响船舶航行的安全并造成重大海上交通事故，对本起事故负有主要责任。根据《海上交通安全法》第四十四条和《中华人民共和国海上海事行政处罚规定》第三十六条第一款第（二）项的规定，拟给予责任人吊销船员职务证书的行政处罚，鉴于该船员为缅甸籍，根据中华人民共和国海事局《关于明确给予事故责任人行政处罚有关问题的通知》（海安全字〔1999〕574号）的规定，拟提请部海事局通报船籍国主管机关予以处理。

（2）“KOTA NEBULA”轮二副违反了《海上交通安全法》第九条和《规则》第五条、第六条、第七条以及第十九条2款等海上交通安全法律、法规和规章，影响船舶航行的安全。其行为属于经营活动中的违法行为，无违法所得。根据《海上交通安全法》第四十四条和《中华人民共和国海上海事行政处罚规定》第三十五条第一款第（三）项、第三款第（三）项的规定，拟给予"KOTA NEBULA"轮二副罚款人民币9 300元整的行政处罚。

（3）“KOTA NEBULA”轮违反了《海上交通安全法》第十条和《规则》第五条、第六条、第七条以及第十九条2款等法律、法规和规章，影响其他船舶作业安全，属于经营活动中的违法行为，无违法所得。依据《海上交通安全法》第四十四条及《中华人民共和国海上海事行政处罚规定》第三十七条第一款第（三）项、第二款第（十三）项的规定，拟给予"KOTA NEBULA"轮船舶所有人太平船务有限公司罚款人民币9 500元整的行政处罚，拟给予"KOTA NEBULA"轮船长罚款人民币9 300元整的行政处罚。

（4）“KOTA NEBULA”轮船长、二副在接受事故调查时隐瞒事实，违反了《中华人民共和国海上交通事故调查处理条例》第十二条第一款的规定。当事人属于经营活动中的违法行为，无违法所得。依据《海上交通安全法》第四十四条及《中华人民共和国海上海事行政处罚规定》第八十三条第一款第（七）项，拟给予"KOTA NEBULA"轮船长以及二副分别罚款人民币100元整的行政处罚，拟给予"KOTA NEBULA"轮船舶所有人太平船务有限公司罚款人民币1 500元整的行政处罚

（5）“KOTA NEBULA”轮在事故发生后擅自离开现场逃逸，违反了《海上交通安全法》第三十七条的规定。依据《海上交通安全法》第四十四条及《中华人民共和国海上海事行政处罚规定》第六十四条第一款第（三）项、第二款第（二）项的规定，拟给予"KOTA NEBULA"轮船舶所有人太平船务有限公司罚款人民币8 000元整的行政处罚，拟给予"KOTA NEBULA"轮船长罚款人民币1 000元整和扣留船员职务证书11个月的行政处罚。在扣留船长职务证书的处罚方面，鉴于船长为缅甸籍，根据中华人民共和国海事局《关于明确给予事故责任人行政处罚有关问题的通知》（海安全字〔1999〕574号）的规定，拟提请部海事局通报船籍国主管机关予以处理，如图8-5-5所示。后经法院审理，"KOTA NEBULA"轮缅甸籍二副、船长分别被判处有期徒刑四年和三年。该起案件也是全国首例成功对责任人追究刑事责任的涉外海上交通肇事案件。

图 8-5-5　集装箱船当事人接受法庭审判

2. "浙普渔 75185" 轮

（1）"浙普渔 75185" 轮当班的驾驶员违反了《海上交通安全法》第九条和《规则》第五条、第七条等海上交通安全法律、法规和规章,造成海上交通事故。根据《海上交通安全法》第四十四条和《中华人民共和国海上海事行政处罚规定》第三十五条、第三十六条规定,拟给予责任人翁某罚款人民币 2 000 元整并扣留其适任证书 12 个月的行政处罚。鉴于责任人已在本起事故中下落不明,因此该项处罚中止执行。

（2）"浙普渔 75185" 轮违反了《海上交通安全法》第十条和《规则》第五条、第七条等海上交通安全法律、法规和规章。根据《海上交通安全法》第四十四条和《中华人民共和国海上海事行政处罚规定》第三十七条第一款第三项、第二款第十三项的规定,拟给予"浙普渔 75185"轮所有人翁某罚款人民币 2 000 元整的行政处罚。鉴于相关责任人已在本起事故中下落不明,因此此项处罚中止执行。

四、事故反思

本案例中,"KOTA NEBULA"轮在本起事故中存在严重瞭望疏忽、避让措施不当、在渔船密集区域冒险高速航行、事故发生后逃逸等重大过失。"浙普渔 75185"轮在本起事故中存在严重瞭望疏忽、未能及时判断碰撞危险和采取有效避让行动等过失。"KOTA NEBULA"轮在本起事故中的过失大于"浙普渔 75185"轮,"KOTA NEBULA"轮对本起事故负有主要责任,"浙普渔 75185"轮负有次要责任。此案例为商渔船在能见度不良海域的航行或作业敲响了警钟。此案例警示我们:

（一）根据能见度及时做出判断

（1）当能见度小于 5 n mile 时,应保持雾航的戒备状态,做好一切雾航准备工作,开启雷达并调整到最佳状态,注意守听 VHF 和加强瞭望等。

（2）能见度小于 3 n mile 即认为能见度严重不良,按规定施放雾号,通知机舱备车。船长必须立即到驾驶台亲自指挥,在驾驶台值守。

（3）当视线恶劣、渔船密集、避让困难、航道复杂及船长对航行安全无把握时,为确保船舶雾航安全,在条件许可的情况下,船长有权择地锚泊或滞航,切勿盲目航行。

（二）雾中航行应注意的事项

（1）全船应保持肃静,禁止喧哗,以免干扰驾驶员的听觉。驾驶员必须利用一切有效手段保持正规瞭望,禁止与工作无关的交谈,必要时打开驾驶台门窗,充分利用视觉、听觉观察可疑动向和音响。

（2）当航经近岸、船舶密集、水道狭窄等复杂水域遇雾时,应视情在驾驶台或船首增加瞭望人员。船首瞭望人员应及时将看到或听到的情况及疑点报告驾驶台。

（3）船舶在任何时候均应采用安全航速行驶,以便能采取适当而有效的避碰行动,并能在适合当时环境和情况的距离内把船停住。

（4）充分利用 AIS、雷达、VHF 等助航仪器,获取他船的信息并跟踪其动态,视情况发布本船雾航警报,以提醒过往船舶注意。应及早协调避让碍航船,避免造成行动上的误会。

（5）在雾中航行,船长和驾驶员应对危险来船进行雷达连续观测和标绘以判断来船动向及最近会遇距离,对危险来船实施预操。严禁使用自动舵。

（6）船长和驾驶员均应熟悉本船雷达的特性,通过变换距离挡,调整增益、雨雪抑制等,以发现微弱目标及识别假回波。

（7）在机舱接到备车航行通知后,轮机员应立即做好操纵主机的一切准备,报告轮机长,并严格执行驾驶台的备车、用车命令。

（8）应保持足够的安全横距,随时警惕对方行动。当雾中两船相遇且有碰撞危险时,无直航船、让路船之分,两船均应及早采取避免碰撞的行动。

（9）对于海上固定的渔区,在设计航线时就应考虑远离。在沿岸航行时,应时刻注意渔船、渔网,谨慎驾驶,以防止事故发生。

（10）在发生碰撞事故后,应立即停船,将人命救助置于首位,全力实施救助。在全部遇险人员脱险前,只要不严重危及自身安全,严禁放弃搜救、擅自驶离现场。

（11）通过一切有效途径,立即向就近的主管机关报告,报告内容包含事故发生位置、遇险船舶名称、人员伤亡情况、船舶受损情况、天气、海况、救助需求等。

第六节　特殊航路上的事故:狭水道商渔船碰撞

一、事故概况

2018 年 8 月 29 日 0345 时左右,安徽某航运有限公司所有的"喧腾禹文"轮(图 8-6-1)在从衢山万南石料宕口载石子约 7 000 t 移泊前往衢山联检锚地时,在蛇移门航道(概位:30°25.97′N,122°26.38′E)与舟山籍某居民所有的岱山籍渔船"浙岱渔 06308"轮(图 8-6-2)发生碰撞。事故造成"浙岱渔 06308"轮沉没,船上共 5 人,其中 2 人获救、3 人死亡,构成较大等级水上交通事故。

图 8-6-1　"喧腾禹文"轮

图 8-6-2　"浙岱渔 06308"轮

二、事故原因及过失分析

在事发前,"喧腾禹文"轮为沿蛇移门航道航行船舶,"浙岱渔06308"轮为穿越该航道的在航机动船。两船交叉相遇致有碰撞危险,适用《规则》的规定,如图8-6-3所示。

图8-6-3 事发狭水道水域

(一)"喧腾禹文"轮的过失

1. 瞭望疏忽,未能及早发现并判断碰撞危险

"喧腾禹文"轮在夜间沿航道航行期间未使用视觉、听觉以及雷达等适合当时环境和情况的一切有效手段保持正规瞭望,未对局面和碰撞危险做出充分估计并判断是否存在碰撞危险,特别是未对本船与穿越蛇移门航道进出渔港的渔船可能造成的碰撞危险保持戒备,以致临近碰撞才发现来船,违反了《规则》第五条、第七条、第八条的规定

2. 作为直航船,当发觉单凭让路船的行动不能避免碰撞时,未采取最有助于避碰的行动

"喧腾禹文"轮作为交叉相遇局面的直航船,当发觉单凭让路船的行动不能避免碰撞时,未采取最有助于避碰的行动,违反了《规则》第十七条第2款的规定。

(二)"浙岱渔06308"轮的过失

1. 瞭望疏忽,未能及早发现并判断是否存在碰撞危险

"浙岱渔06308"轮在穿越航道航行时未使用视觉、听觉等适合当时环境和情况的一切有效手段保持正规瞭望,未对局面和碰撞危险做出充分估计并判断是否存在碰撞危险,未对沿蛇移门航道航行船舶可能造成的碰撞危险引起特别关注,以致临近碰撞才发现来船,违反了《规则》第五条、第七条、第八条的规定。

2. 穿越航道未尽不应妨碍义务

作为一艘长度小于20 m的船舶,"浙岱渔06308"轮在穿越蛇移门航道前,未能掌握航道

内的船舶通航情况,穿越航道时机选择不当,妨碍了在该航道内安全航行的船舶通行,违反了《规则》第九条第 2 款的规定。

3.作为让路船,未采取让路船的行动

作为有他船在本船右舷的船舶,"浙岱渔 06308"轮应给他船让路。该船在碰撞前采取右转并倒车,未尽可能及早地采取大幅度的行动,宽裕地让清他船,违反了《规则》第十六条的规定。

(三)调查中发现的其他问题

1."喧腾禹文"轮部分船员未按规定办理船员任解职手续

船长谢某于 8 月 28 日在岱山衢山离职,未到当地海事管理机构办理解职手续。

轮机长刘某于 8 月 28 日在岱山衢山任职,接替原轮机长梁某,双方均未到当地海事管理机构办理船员任职手续。

机工张某、石某于 8 月 24 日在定海任职,未到当地海事管理机构办理任职手续。

见习机工姚某于 8 月 24 日在定海离职,未到当地海事管理机构办理解职手续。

2."浙岱渔 06308"轮实际在船人员数量超过了该船核定乘员数量

该船"渔船船舶检验证书"中载明该船核定乘员为 4 人,事发航次该船实际在船人员 5 人,超过了证书上的核定乘员数量。

三、事故反思

在本案例中,"浙岱渔 06308"轮在穿越蛇移门航道前,未能掌握狭水道内的船舶通航情况,盲目穿越航道;同时,两船均存在严重的瞭望疏忽,都直至临近碰撞前才发现对方船舶,导致未能采取有效避碰行动。此案例为商渔船在狭水道水域的航行或作业敲响了警钟。此案例警示我们:

(1)船舶穿越狭水道前一定要谨慎。《规则》第九条规定:"船舶不应穿越狭水道或航道,如果这种穿越会妨碍只能在这种水道或航道以内安全航行的船舶的通行。"船舶在穿越狭水道或航道时,应事先了解航道中船舶的交通情况,确认穿越行动不会妨碍只能在狭水道或者航道内安全通行的船舶的通行后,才可实施穿越,否则,船舶不应穿越狭水道或航道。

(2)保持正规瞭望时刻要牢记。《规则》第五条规定:"每一船舶应在任何时候用视觉、听觉以及适合当时环境和情况的一切可用手段保持正规瞭望,以便对局面和碰撞危险做出充分的估计。"保持正规瞭望是决定安全航速、正确判断碰撞危险、正确采取避碰行动的基础和前提条件。

(3)综合运用各种瞭望手段。视觉瞭望是最基本、最主要、最直接的手段;听觉瞭望是在能见度不良的情况下通过听雾号判断他船大致方位、动态、种类的有效方法;雷达瞭望,即船员通过雷达标绘求取来船的航速、航向、DCPA 和 TCPA,并判断碰撞危险;AIS 瞭望,即 AIS 可实时获取本船附近周围目标船的航速、航向、目的港、船舶种类等信息。各种瞭望手段都有其优势和局限性,因此要综合运用各种瞭望手段。

(4)对局面和碰撞危险做出充分估计是瞭望的目的。《规则》第五条表明保持正规瞭望的

目的是"以便对局面和碰撞危险做出充分估计",其最终目的是避免碰撞事故的发生。因此,保持正规瞭望主要是为了发现来船、判断动态、估计局面。在瞭望时,不但要了解和掌握当时的会遇情况,还要注意这些情况在不断变化,要及时、准确了解和掌握这些变化的趋势和可能造成的后果。

(5)避让行动要做到"早、大、宽、清"。《规则》第八条要求,为避免碰撞所采取的包括改向或变速的行动,如当时环境许可,应该是积极果断的、及早的,幅度大得能让他船容易用视觉或雷达察觉到,并能在安全距离内驶过。在船舶避让的整个过程中,都应仔细核查行动的有效性。

第七节 设备滥用酿大祸:违规使用网位仪

一、案例介绍

2020 年 11 月 12 日 2239 时左右,新加坡籍散货船"WINNING PROGRESS"轮(图 8-7-1)装载 101 679 t 铁矿由浙江宁波驶往江苏太仓,航经舟山嵊山岛东南约 12 n mile 处水域(概位:30°38.38′N,123°03.01′E)时与锚泊的舟山嵊泗籍钢质渔船"浙嵊渔 01148"轮(图 8-7-2)发生碰撞。事故造成"浙嵊渔 01148"轮沉没,船上 10 人全部失踪,构成重大等级水上交通事故。

图 8-7-1 "WINNING PROGRESS"轮

图 8-7-2 "浙嵊渔 01148"轮

二、事故原因及过失分析

本起事故发生在能见度良好的沿海水域。"WINNING PROGRESS"轮为在航机动船,"浙嵊渔 01148"轮为锚泊船,适用《规则》的规定,两船均应按照《规则》的要求采取避让行动,同时也适用相关的国内法律、法规的规定。

(一)"WINNING PROGRESS"轮的过失

1. 未保持正规瞭望

"WINNING PROGRESS"轮未能对当事局面和碰撞危险做出充分估计。在事发时段,"WINNING PROGRESS"轮航经渔船、渔网密集区。三副在值班期间未能通过视觉瞭望等有效手段发现"浙嵊渔 01148"轮,简单判断船首方向没有渔船,均为渔网浮标,如图 8-7-3 所示。船上两台雷达均开启并保持正常工作,2221 时左右本船雷达画面显示船首右前方出现一雷达回波,相对方位 010°,距离约为 4.5 n mile(后证实为"浙嵊渔 01148"轮回波)。此后在船舶航行过程中,该回波显示稳定,距离逐渐减小。三副未能通过雷达发现"浙嵊渔 01148"轮,没有使用视觉、听觉以及适合当时环境和情况的一切可用手段保持正规瞭望,以便对局面和碰撞危险做出充分的估计,违反了《规则》第五条、第七条的规定。

2. 未采用安全航速行驶

事发水域作业渔船数量多,并有大量渔网 AIS 网位仪。该船在碰撞前一直以海上速度航行,临近碰撞时的航速在 14.7 kn 左右。该船三副未能对当时情况,特别是通航密度,包括渔船、渔网的密集程度加以充分考虑,没有以安全航速行驶,以便能采取适当而有效的避碰行动,并能在适合当时环境和情况的距离以内把船停住,违反了《规则》第六条的规定。

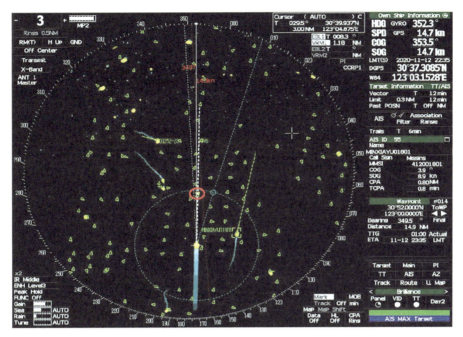

图 8-7-3　事发海域网位仪布置

3. 未采取避让行动

在事发前,三副在驾驶船舶航行期间,未发现锚泊在前方的"浙嵊渔 01148"轮,未对渔船采取避让行动,违反了《规则》第八条的规定。

(二)"浙嵊渔 01148"轮的过失

1. 未保持有效值班

"浙嵊渔 01148"轮事发航次驾驶员中仅船长持有符合要求的船员职务证书,缺配二级船副;在 12 日 20 时左右船长睡觉休息后,船舶已无适任的职务船员进行驾驶台值班,违反了《渔业船舶航行值班准则(试行)》第三条、第十二条的规定。

2. 未保持正规瞭望,未能对当事局面和碰撞危险做出充分估计

该船值班人员没有使用视觉、听觉以及适合当时环境和情况的一切可用手段保持正规瞭望,没有发现驶近的"WINNING PROGRESS"轮,未能对本船与"WINNING PROGRESS"轮之间形成的局面和碰撞危险做出充分的估计,违反了《规则》第五条的规定。

3. 未采取有效的避免碰撞的行动和措施

在事发时,该船处于锚泊状态。当"WINNING PROGRESS"轮驶近致两船有碰撞危险时,无证据表明"浙嵊渔 01148"轮采取了任何避碰行动,也无证据表明其采用其他有效手段提醒来船注意,未能充分利用良好船艺采取有效的避免碰撞的措施和行动。

(三)调查中发现的其他问题

1."浙嵊渔01148"轮超过核定作业方式进行捕捞作业

事发航次中的"浙嵊渔01148"轮在178-7渔区（舟山市A类渔区）实际从事定置张网作业，与该船"渔业捕捞许可证"核定的作业方式不符，与嵊泗县渔业船舶检验站于2020年6月4日签发的"国内海洋渔船营运检验报告"记载"准许航行于近海航区从事笼壶作业"的要求不符。

2."浙嵊渔01148"轮船舶进出港报告不满足要求

经调查，"浙嵊渔01148"轮自规定实施至事发，通过系统报告的记录仅一条，为2020年10月9日出港报告，且报告的船员数量为11人，船员名单与嵊泗县海洋与渔业局于事发后第一时间提供的人员信息一致，但与实际在船人员数量及人员信息不符，违反了《舟山市渔船进出港报告规定》的规定。

3."浙嵊渔01148"轮布设大量渔网AIS网位仪

调查发现，事发时段、事发水域附近有大量"浙嵊渔01148"轮及其他渔船布设的渔网。渔网上不但设有灯光浮标，而且设有渔网AIS网位仪。在调查期间，调查人员从当日同编组渔船"浙嵊渔01252""浙嵊渔01383"AIS设备终端芯片中提取到"浙嵊渔01148"轮渔网AIS网位仪信息共19组。渔网AIS网位仪在船舶电子海图设备及雷达画面上显示与实际船舶相同的AIS标识和信息，影响船舶正常识别。此类渔网AIS网位仪设置的MMSI码未经许可且编码随意，违反了《海上移动通信业务标识管理办法实施细则》的相关规定。

4.青岛韦立国际船舶管理有限公司安全管理体系执行不到位

青岛韦立国际船舶管理有限公司安全管理体系执行不到位，未按照规定开展三副薛某的上岗航前培训。

5."WINNING PROGRESS"轮未落实安全管理体系规定

船长未按照规定落实指定人员在船舶开航前指导三副薛某熟悉驾驶台设备的位置及操作，船长未对夜间值班的三副进行监督和指导。

三、责任认定及事故结论

本起事故系在航船与锚泊船不遵守《规则》和其他相关法律、法规规定而引发的责任事故。比较事故双方的过失程度与事故发生的因果关系，调查组认定，"WINNING PROGRESS"轮未发现、避让锚泊渔船是造成事故的主要原因，对本起事故负有主要责任，当班三副薛某为本起事故的主要责任人；"浙嵊渔01148"轮对本起事故负有次要责任，船长潘某为本起事故的次要责任人。

四、事故反思

由上述事故原因及过失分析，尽管"WINNING PROGRESS"轮因为未发现、避让锚泊渔船而应对事故负主要责任,但是通过调查发现,事发海域"浙嵊渔01148"轮及其他渔船在其渔网上设置的大量渔网 AIS 网位仪,在船舶电子海图设备及雷达画面上显示为与实际船舶相同的 AIS 标识和信息,影响船舶正常识别,造成商船驾驶员对渔船辨别困难,最终酿成悲剧。此案例警示我们:

(1)网位仪在外海及沿海航路附近大量布设,且多数命名无规律,在商船 AIS 设备或雷达上显示为普通船舶符号。在商船进入渔船作业密集区时,雷达和 AIS 终端上密集显示难以分辨的信号,驾驶员值班负荷增大,容易误判。

(2)对于渔业船舶,要严禁违规使用网位仪。网位仪在为渔民带来一定便利的同时,也产生了 AIS 信道无序占用、MMSI 错误使用、海图显示标识不规范等问题,给海上交通安全带来了不利的影响。

(3)在渔区航行时,船舶驾驶员应牢记:安全第一,宁可绕行,不要冒险,尽可能避免进入渔船密集区域。

(4)在渔区航行时,应合理安排值班人员,根据航行区域的渔船密集程度和航行值班强度增加必要的航行值班人员,必要时候应毫不犹豫地呼叫船长上驾驶台。

(5)在渔区航行时,航行值班人员应加强瞭望,开启两台雷达,远近距离配合瞭望,同时使用适合当时环境和情况的一切有效手段保持正规瞭望。

(6)在值班期间,应特别注意部分锚泊渔船夜间可能未按照要求值班、未开启 AIS 或显示号灯。要特别注意渔船周围布置的渔网上的大量网位仪对 AIS、其他船舶和物标的雷达回波及电子海图的干扰。

附录

附录一　1972年国际海上避碰规则

（经1981年、1987年、1989年、1993年、2001年、2007年和2013年修正案修正后的综合文本）

第一章　总　则

第一条
适用范围

　　1.本规则条款适用于公海和连接公海可供海船航行的一切水域中的一切船舶。

　　2.本规则条款不妨碍有关主管机关为连接公海而可供海船航行的任何港外锚地、港口、江河、湖泊或内陆水道所制定的特殊规定的实施。这种特殊规定,应尽可能符合本规则条款。

　　3.本规则条款不妨碍各国政府为军舰及护航下的船舶所制定的关于额外的队形灯、信号灯、号型或笛号,或者为结队从事捕鱼的渔船所制定的关于额外的队形灯、信号灯或号型的任何特殊规定的实施。这些额外的队形灯、信号灯、号型或笛号,应尽可能不致被误认为本规则其他条文所规定的任何信号灯、号型或信号。

　　4.为实施本规则,本组织可以采纳分道通航制。

　　5.凡经有关政府确定,某种特殊构造或用途的船舶,若不能完全遵守本规则任何一条关于号灯或号型的数量、位置、能见距离或弧度以及声号设备的配置和特性的规定,则应遵守其政府在号灯或号型的数量、位置、能见距离或弧度以及声号设备的配置和特性方面为之另行确定的、尽可能符合本规则所要求的规定。

第二条
责任

1.本规则条款不免除任何船舶或其所有人、船长或船员由于遵守本规则条款的任何疏忽，或者按海员通常做法或当时特殊情况所要求的任何戒备上的疏忽而产生的各种后果的责任。

2.在解释和遵行本规则条款时，应充分考虑一切航行和碰撞的危险以及包括当事船舶条件限制在内的任何特殊情况，这些危险和特殊情况可能需要背离规则条款以避免紧迫危险。

第三条
一般定义

除条文另有解释外，在本规则中：

1."船舶"一词，指用作或者能够用作水上运输工具的各类水上船筏，包括非排水船筏、地效船和水上飞机。

2."机动船"一词，指用机器推进的任何船舶。

3."帆船"一词，指任何驶帆的船舶，包括装有推进器但不在使用。

4."从事捕鱼的船舶"一词，指使用网具、绳钓、拖网或其他使其操纵性能受到限制的渔具捕鱼的任何船舶，但不包括使用曳绳钓或其他并不使其操纵性能受到限制的渔具捕鱼的船舶。

5."水上飞机"一词，包括能在水面操纵而设计的任何航空器。

6."失去控制的船舶"一词，指由于某种异常的情况，不能按本规则条款的要求进行操纵，因而不能给他船让路的船舶。

7."操纵能力受到限制的船舶"一词，指由于工作性质，使其按本规则条款要求进行操纵的能力受到限制，因而不能给他船让路的船舶。"操纵能力受到限制的船舶"一词应包括，但不限于下列船舶：

(1)从事敷设、维修或起捞助航标志、海底电缆或管道的船舶；

(2)从事疏浚、测量或水下作业的船舶；

(3)在航中从事补给或转运人员、食品或货物的船舶；

(4)从事发射或回收航空器的船舶；

(5)从事清除水雷作业的船舶；

(6)从事拖带作业的船舶，而该项拖带作业使该拖船及其拖带物驶离其航向的能力严重受到限制者。

8."限于吃水的船舶"一词，指由于吃水与可航水域的可用水深和宽度的关系，致使其驶离航向的能力严重地受到限制的机动船。

9."在航"一词，指船舶不在锚泊、系岸或搁浅。

10.船舶的"长度"和"宽度"是指其总长度和最大宽度。

11.只有当两船中的一船能自他船以视觉看到时，才应认为两船是在互见中。

12."能见度不良"一词，指任何由于雾、霾、下雪、暴风雨、沙暴或任何其他类似原因而使能见度受到限制的情况。

13."地效船"一词,系指多式船艇,其主要操作方式是利用表面效应贴近水面飞行。

第二章　驾驶和航行规则

第一节　船舶在任何能见度情况下的行动规则

第四条
适用范围

本节条款适用于任何能见度的情况。

第五条
瞭望

每一船舶在任何时候用视觉、听觉以及适合当时环境和情况的一切可用手段保持正规瞭望,以便对局面和碰撞危险做出充分的估计。

第六条
安全航速

每一船舶在任何时候都应以安全航速行驶,以便能采取适当而有效的避碰行动,并能在适合当时环境和情况的距离以内把船停住。

在决定安全航速时,考虑的因素中应包括下列各点:

1. 对所有船舶:

(1)能见度情况;

(2)交通密度,包括渔船或者任何其他船舶的密集程度;

(3)船舶的操纵性能,特别是在当时情况下的冲程和旋回性能;

(4)夜间出现的背景亮光,诸如来自岸上的灯光或本船灯光的反向散射;

(5)风、浪和流的状况以及靠近航海危险物的情况;

(6)吃水与可用水深的关系。

2. 对备有可使用的雷达的船舶,还应考虑:

(1)雷达设备的特性、效率和局限性;

(2)所选用的雷达距离标尺带来的任何限制;

(3)海况、天气和其他干扰源对雷达探测的影响;

(4)在适当距离内,雷达对小船、浮冰和其他漂浮物有探测不到的可能性;

(5)雷达探测到的船舶数目、位置和动态;

(6)当用雷达测定附近船舶或其他物体的距离时,可能对能见度做出更确切的估计。

第七条

碰撞危险

1. 每一船舶都应使用适合当时环境和情况的一切可用手段判断是否存在碰撞危险,若有任何怀疑,则应认为存在这种危险。

2. 若装有雷达设备并可使用,则应正确予以使用,包括远距离扫描,以便获得碰撞危险的早期警报,并对探测到的物标进行雷达标绘或与其相当的系统观察。

3. 不应当根据不充分的信息,特别是不充分的雷达观测信息做出推断。

4. 在判断是否存在碰撞危险时,考虑的因素中应包括下列各点:

(1)若来船的罗经方位没有明显的变化,则应认为存在这种危险;

(2)即使有明显的方位变化,有时也可能存在这种危险,特别是在驶近一艘很大的船或拖带船组时,或是在近距离驶近他船时。

第八条

避免碰撞的行动

1. 为避免碰撞所采取的任何行动必须遵循本章各条规定,若当时环境许可,则应是积极地、及早地进行和充分注意运用良好的船艺。

2. 为避免碰撞而做的航向和(或)航速的任何变动,若当时环境许可,则应大得足以使他船用视觉或雷达观测时容易察觉到;应避免对航向和(或)航速做一连串的小改变。

3. 若有足够的水域,则单用转向可能是避免紧迫局面的最有效行动,只要这种行动是及时的、大幅度的并且不致造成另一紧迫局面的。

4. 为避免与他船碰撞而采取的行动,应能导致在安全的距离驶过。应细心查核避让行动的有效性,直到最后驶过让清他船为止。

5. 若需为避免碰撞或需留有更多时间来估计局面,则船舶应当减速或者停止或倒转推进器把船停住。

6.(1)根据本规则任何规定,要求不得妨碍另一船通行或安全通行的船舶应根据当时环境的需要及早地采取行动以留出足够的水域供他船安全通行。

(2)如果在接近他船致有碰撞危险时,被要求不得妨碍另一船通行或安全通行的船舶并不解除这一责任,且当采取行动时,应充分考虑到本章各条可能要求的行动。

(3)当两船相互接近致有碰撞危险时,其通行不得被妨碍的船舶仍有完全遵守本章各条规定的责任。

第九条

狭水道

1. 沿狭水道或航道行驶的船舶,只要安全可行,应尽量靠近其右舷的该水道或航道的外缘行驶。

2. 帆船或者长度小于 20 m 的船舶,不应妨碍只能在狭水道或航道以内安全航行的船舶通行。

3. 从事捕鱼的船舶,不应妨碍任何其他在狭水道或航道以内航行的船舶通行。

4. 船舶不应穿越狭水道或航道,如果这种穿越会妨碍只能在这种水道或航道以内安全航行的船舶通行。后者若对穿越船的意图有怀疑,则可以使用第三十四条 4 款规定的声号。

5. (1) 在狭水道或航道内,若只有在被追越船必须采取行动以允许安全通过才能追越时,则企图追越的船,应鸣放第三十四条 3 款(1)项所规定的相应声号,以表示其意图。被追越船如果同意,应鸣放第三十四条 3 款(2)项所规定的相应声号,并采取使之能安全通过的措施;若有怀疑,则可以鸣放第三十四条 4 款所规定的声号。

(2) 本条并不解除追越船根据第十三条所负的义务。

6. 船舶在驶近可能有其他船舶被居间障碍物遮蔽的狭水道或航道的弯头或地段时,应特别机警和谨慎地驾驶,并鸣放第三十四条 5 款规定的相应声号。

7. 任何船舶,若当时环境许可,则都应避免在狭水道内锚泊。

第十条
分道通航制

1. 本条适用于本组织所采纳的分道通航制,但并不解除任何船舶遵守任何其他各条规定的责任。

2. 使用分道通航制的船舶应:

(1) 在相应的通航分道内顺着该分道的交通总流向行驶;

(2) 尽可能让开通航分隔线或分隔带;

(3) 通常在通航分道的端部驶进或驶出,但从分道的任何一侧驶进或驶出时,应与分道的交通总流向形成尽可能小的角度。

3. 船舶应尽可能避免穿越通航分道,但如果不得不穿越时,应尽可能以与分道的交通总流向成直角的船首向穿越。

4. (1) 当船舶可安全使用临近分道通航制区域中相应通航分道时,不应使用沿岸通航带。但长度小于 20 m 的船舶、帆船和从事捕鱼的船舶可使用沿岸通航带。

(2) 尽管有本条 4(1) 规定,当船舶抵离位于沿岸通航带中的港口、近岸设施或建筑物、引航站或任何其他地方或为避免紧迫危险时,可使用沿岸通航带。

5. 除穿越船或者驶进或驶出通航分道的船舶外,船舶通常不应进入分隔带或穿越分隔线,除非:

(1) 在紧急情况下避免紧迫危险;

(2) 在分隔带内从事捕鱼。

6. 船舶在分道通航制端部附近区域行驶时,应特别谨慎。

7. 船舶应尽可能避免在分道通航制内或其端部附近区域锚泊。

8. 不使用分道通航制的船舶,应尽可能远离该区域。

9. 从事捕鱼的船舶,不应妨碍按通航分道行驶的任何船舶的通行。

10. 帆船或长度小于 20 m 的船舶,不应妨碍按通航分道行驶的机动船的安全通行。

11. 操纵能力受到限制的船舶,当在分道通航制区域内从事维护航行安全的作业时,在执行该作业所必需的限度内,可免受本条规定的约束。

12. 操纵能力受到限制的船舶,当在分道通航制区域内从事敷设、维修或起捞海底电缆时,在执行该作业所必需的限度内,免受本条规定的约束。

第二节　船舶在互见中的行动规则

第十一条
适用范围

本节条款适用于互见中的船舶。

第十二条
帆船

1. 两艘帆船相互驶近致有构成碰撞危险时,其中一船应按下列规定给他船让路:

(1)两船在不同舷受风时,左舷受风的船应给他船让路;

(2)两船在同舷受风时,上风船应给下风船让路;

(3)若左舷受风的船看到在上风的船而不能断定究竟该船是左舷受风还是右舷受风,则应给该船让路。

2. 就本条规定而言,船舶的受风舷侧应认为是主帆被吹向的一舷的对面舷侧;对于方帆船,则应认为是最大纵帆被吹向的一舷的对面舷侧。

第十三条
追越

1. 不论第二章第一节和第二节的各条规定如何,任何船舶在追越任何他船时,均应给被追越船让路。

2. 一船正从他船正横后大于22.5°的某一方向赶上他船时,即该船对其所追越的船所处位置,在夜间只能看见被追越船的艉灯而不能看见它的任一舷灯时,应认为是在追越中。

3. 当一船对其是否在追越他船有任何怀疑时,该船应假定是在追越,并应采取相应行动。

4. 随后两船间方位的任何改变,都不应把追越船作为本规则条款含义中所指的交叉相遇船,或者免除其让开被追越船的责任,直到最后驶过让清为止。

第十四条
对遇局面

1. 当两艘机动船在相反的或接近相反的航向上相遇致有构成碰撞危险时,各应向右转向,从而各从他船的左舷驶过。

2. 当一船看见他船在正前方或接近正前方,在夜间能看见他船的前后桅灯成一直线或接近一直线和(或)两盏舷灯;在白天能看到他船的上述相应形态时,则应认为存在这样的局面。

3. 当一船对是否存在这样的局面有任何怀疑时,该船应假定确实存在这种局面,并应采取相应的行动。

第十五条
交叉相遇局面

当两艘机动船交叉相遇致有构成碰撞危险时,有他船在本船右舷的船舶应给他船让路,若当时环境许可,则还应避免横越他船的前方。

第十六条
让路船的行动

须给他船让路的船舶,应尽可能及早地采取大幅度的行动,宽裕地让清他船。

第十七条
直航船的行动

1.(1)两船中的一船应给另一船让路时,另一船应保持航向和航速。

(2)然而,当保持航向和航速的船一经发觉规定的让路船显然没有遵照本规则条款采取适当行动时,该船即可独自采取操纵行动,以避免碰撞。

2. 当规定保持航向和航速的船,发觉本船不论由于何种原因逼近到单凭让路船的行动不能避免碰撞时,也应采取最有助于避碰的行动。

3. 在交叉相遇局面下,机动船按照本条 1 款(2)项采取行动以避免与另一艘机动船碰撞时,若当时环境许可,则不应对在本船左舷的船采取向左转向。

4. 本条并不解除让路船的让路义务。

第十八条
船舶之间的责任

除第九、十和十三条另有规定外:

1. 机动船在航时应给下述船舶让路:

(1)失去控制的船舶;

(2)操纵能力受到限制的船舶;

(3)从事捕鱼的船舶;

(4)帆船。

2. 帆船在航时应给下述船舶让路:

(1)失去控制的船舶;

（2）操纵能力受到限制的船舶；

（3）从事捕鱼的船舶。

3.从事捕鱼的船舶在航时,应尽可能给下述船舶让路：

（1）失去控制的船舶；

（2）操纵能力受到限制的船舶。

4.（1）除失去控制的船舶或操纵能力受到限制的船舶外,任何船舶,若当时环境许可,则应避免妨碍显示第二十八条规定信号的限于吃水的船舶的安全通行。

（2）限于吃水的船舶应全面考虑其特殊条件,特别谨慎地驾驶。

5.在水面的水上飞机,通常应宽裕地让清所有船舶并避免妨碍其航行。然而在有碰撞危险的情况下,则应遵守本章条款的规定。

6.（1）地效船在起飞、降落和贴近水面飞行时应宽裕地让清所有其他船舶并避免妨碍他们的航行；

（2）在水面上操作的地效船应作为机动船遵守本章条款的规定。

第三节　船舶在能见度不良时的行动规则

第十九条
船舶在能见度不良时的行动规则

1.本条适用于在能见度不良的水域中或在其附近航行时不在互见中的船舶。

2.每一船应以适合当时能见度不良的环境和情况的安全航速行驶,机动船应将机器做好随时操纵的准备。

3.在遵守本章第一节各条时,每一船应充分考虑到当时能见度不良的环境和情况。

4.一船仅凭雷达测到他船时,应判定是否正在形成紧迫局面和（或）存在着碰撞危险。若是如此,则应及早地采取避碰行动,如果这种行动包括转向,则应尽可能避免如下各点：

（1）除对被追越船外,对正横前的船舶采取向左转向；

（2）对正横或正横后的船舶采取朝着它转向。

5.除已断定不存在碰撞危险外,每一船当听到他船的雾号显似在本船正横以前,或者与正横以前的他船不能避免紧迫局面时,应将航速减到能维持其航向的最小速度。必要时,应把船完全停住,而且,无论如何,应极其谨慎地驾驶,直到碰撞危险过去为止。

第三章　号灯和号型

第二十条
适用范围

1.本章条款在各种天气中都应遵守。

2.有关号灯的各条规定,从日没到日出时都应遵守。在此期间不应显示别的灯光,但那些不会被误认为本规则各条款订明的号灯,或者不会削弱号灯的能见距离或显著特性,或者不会妨碍正规瞭望的灯光除外。

3. 本规则条款所规定的号灯,若已设置,也应在能见度不良的情况下从日出到日没时显示,并可在一切其他认为必要的情况下显示。

4. 有关号型的各条规定,在白天都应遵守。

5. 本规则条款订明的号灯和号型,应符合本规则附录一的规定。

第二十一条
定义

1. "桅灯"是指安置在艏艉中心线上方的白灯,在225°的水平弧内显示不间断的灯光,其安装要使灯光从船的正前方到每一舷正横后22.5°内显示。

2. "舷灯"是指右舷的绿灯和左舷的红灯,各在112.5°的水平弧内显示不间断的灯光,其装置要使灯光从船的正前方到各自一舷的正横后22.5°内分别显示。长度小于20 m的船舶,其舷灯可以合并成一盏,装设于艏艉中心线上。

3. "艉灯"是指安置在尽可能接近船尾的白灯,在135°的水平弧内显示不间断的灯光,其装置要使灯光从船的正后方到每一舷67.5°内显示。

4. "拖带灯"是指具有与本条3款所述"艉灯"相同特性的黄灯。

5. "环照灯"是指在360°的水平弧内显示不间断灯光的号灯。

6. "闪光灯"是指每隔一定时间以频率为每分钟闪120次或120次以上的号灯。

第二十二条
号灯的能见距离

本规则条款规定的号灯,应具有本规则附录一第8款订明的发光强度,以便在下列最小距离上能被看到:

1. 长度为50 m或50 m以上的船舶:

——桅灯,6 n mile;

——舷灯,3 n mile;

——艉灯,3 n mile;

——拖带灯,3 n mile;

——白、红、绿或黄色环照灯,3 n mile。

2. 长度为12 m或12 m以上但小于50 m的船舶:

——桅灯,5 n mile;但长度小于20 m的船舶,3 n mile;

——舷灯,2 n mile;

——艉灯,2 n mile;

——拖带灯,2 n mile;

——白、红、绿或黄色环照灯,2 n mile。

3. 长度小于12 m的船舶:

——桅灯,2 n mile;

——舷灯,1 n mile;

——艉灯,2 n mile;

——拖带灯,2 n mile;

——白、红、绿或黄色环照灯,2 n mile。

4.不易察觉的、部分淹没的被拖带船舶或物体:

——白色环照灯,3 n mile。

第二十三条
在航机动船

1.在航机动船应显示:

(1)在前部一盏桅灯;

(2)第二盏桅灯,后于并高于前桅灯,长度小于 50 m 的船舶,不要求显示该桅灯,但可以这样做;

(3)两盏舷灯;

(4)一盏艉灯。

2.气垫船在非排水状态下航行时,除本条 1 款规定的号灯外,还应显示一盏环照黄色闪光灯。

3.除本条 1 款规定的号灯外,地效船只有在起飞、降落和贴近水面飞行时,才应显示高亮度的环照红色闪光灯。

4.(1)长度小于 12 m 的机动船,可以显示一盏环照白灯和舷灯以代替本条 1 款规定的号灯;

(2)长度小于 7 m 且其最高速度不超过 7 kn 的机动船,可以显示一盏环照白灯以代替本条 1 款规定的号灯,若可行,也应显示舷灯;

(3)长度小于 12 m 的机动船的桅灯或环照白灯,如果不可能装设在艏艉中心线上,可以离开中心线显示,条件是其舷灯合并成一盏,并应装设在艏艉中心线上或尽可能地装设在接近该桅灯或环照白灯所在的艏艉线处。

第二十四条
拖带和顶推

1.机动船当拖带时应显示:

(1)垂直两盏桅灯,以取代第二十三条 1 款(1)项或 1 款(2)项规定的号灯,当从拖船船尾至被拖物体后端的拖带长度超过 200 m 时,垂直显示三盏这样的号灯;

(2)两盏舷灯;

(3)一盏艉灯;

(4)一盏拖带灯位于艉灯垂直上方;

(5)当拖带长度超过 200 m 时,在最易见处显示一个菱形体号型。

2. 当一顶推船和一被顶推船牢固地连接成为一组合体时,则应作为一艘机动船,显示第二十三条规定的号灯。

3. 机动船当顶推或傍拖时,除组合体外,应显示:

(1)垂直两盏桅灯,以取代第二十三条1款(1)项或1款(2)项规定的号灯;

(2)两盏舷灯;

(3)一盏艉灯。

4. 适用本条1或3款的机动船,还应遵守第二十三条1款(2)项的规定。

5. 除本条7款所述外,一被拖船或被拖物体应显示:

(1)两盏舷灯;

(2)一盏艉灯;

(3)当拖带长度超过200 m时,在最易见处显示一个菱形体号型。

6. 任何数目的船舶若作为一组被傍拖或顶推时,则应作为一艘船来显示号灯:

(1)一艘被顶推船,但不是组合体的组成部分,应在前端显示两盏舷灯;

(2)一艘被傍拖的船应显示一盏艉灯,并在前端显示两盏舷灯。

7. 一不易觉察的、部分淹没的被拖船或物体或者这类船舶或物体的组合体应显示:

(1)除弹性拖曳体不需要在前端或接近前端处显示灯光外,若宽度小于25 m,在前后两端或接近前后两端处各显示一盏环照白灯;

(2)若宽度为25 m或25 m以上,在两侧最宽处或接近最宽处,另加两盏环照白灯;

(3)若长度超过100 m,在(1)和(2)项规定的号灯之间,另加若干环照白灯,使得这些灯之间的距离不超过100 m;

(4)在最后的被拖船或物体的末端或接近末端处,显示一个菱形体号型,如果拖带长度超过200 m时,在尽可能前部的最易见处另加一个菱形体号型。

8. 凡由于任何充分理由,被拖船舶或物体不可能显示本条5款或7款规定的号灯或号型时,应采取一切可能的措施使被拖船舶或物体上有灯光,或至少能表明这种船舶或物体的存在。

9. 凡由于任何充分理由,使得一艘通常不从事拖带作业的船舶不可能按本条1或3款的规定显示号灯,这种船在从事拖带另一遇险或需要救助的船时,就不要求显示这些号灯。但应采取如第三十六条所准许的一切可能措施来表明拖带船与被拖船之间关系的性质,尤其应将拖缆照亮。

第二十五条
在航帆船和划桨船

1. 在航帆船应显示:

(1)两盏舷灯;

(2)一盏艉灯。

2. 在长度小于20 m的帆船上,本条1款规定的号灯可以合并成一盏,装设在桅顶或接近桅顶的最易见处。

3. 在航帆船,除本条1款规定的号灯外,还可在桅顶或接近桅顶的最易见处,垂直显示两盏环照灯,上红下绿。但这些环照灯不应和本条2款所允许的合色灯同时显示。

4.(1)长度小于 7 m 的帆船,若可行,应显示本条 1 或 2 款规定的号灯。但如果不这样做,则应在手边备妥白光的电筒一个或点着的白灯一盏,及早显示,以防碰撞。

(2)划桨船可以显示本条为帆船规定的号灯,但如果不这样做,则应在手边备妥白光的电筒一个或点着的白灯一盏,及早显示,以防碰撞。

5.用帆行驶同时也用机器推进的船舶,应在前部最易见处显示一个圆锥体号型,尖端向下。

第二十六条
渔船

1.从事捕鱼的船舶,不论在航还是锚泊,只应显示本条规定的号灯和号型。

2.船舶从事拖网作业,即在水中拖曳爬网或其他用作渔具的装置时,应显示:

(1)垂直两盏环照灯,上绿下白,或一个由上下垂直、尖端对接的两个圆锥体所组成的号型;

(2)一盏桅灯,后于并高于那盏环照绿灯;长度小于 50 m 的船舶,则不要求显示该桅灯,但可以这样做;

(3)当对水移动时,除本款规定的号灯外,还应显示两盏舷灯和一盏艉灯。

3.从事捕鱼作业的船舶,除拖网作业者外,应显示:

(1)垂直两盏环照灯,上红下白,或一个由上下垂直、尖端对接的两个圆锥体所组成的号型;

(2)当有外伸渔具,其从船边伸出的水平距离大于 150 m 时,应朝着渔具的方向显示一盏环照白灯或一个尖端向上的圆锥体号型;

(3)当对水移动时,除本款规定的号灯外,还应显示两盏舷灯和一盏艉灯。

4.本规定附录二所述的额外信号,适用于在其他捕鱼船舶附近从事捕鱼的船舶。

5.船舶不从事捕鱼时,不应显示本条规定的号灯或号型,而只应显示为其同样长度的船舶所规定的号灯或号型。

第二十七条
失去控制或操纵能力受到限制的船舶

1.失去控制的船舶应显示:

(1)在最易见处,垂直两盏环照红灯;

(2)在最易见处,垂直两个球体或类似的号型;

(3)当对水移动时,除本款规定的号灯外,还应显示两盏舷灯和一盏艉灯。

2.操纵能力受到限制的船舶,除从事清除水雷作业的船舶外,应显示:

(1)在最易见处,垂直三盏环照灯,最上和最下者应是红色,中间一盏应是白色;

(2)在最易见处,垂直三个号型,最上和最下者应是球体,中间一个应是菱形体;

(3)当对水移动时,除本款(1)项规定的号灯外,还应显示桅灯、舷灯和艉灯;

(4)当锚泊时,除本款(1)和(2)项规定的号灯或号型外,还应显示第三十条规定的号灯、号型。

3. 从事一项使拖船和被拖物体双方在驶离其航向的能力上受到严重限制的拖带作业的机动船,除显示第二十四条1款规定的号灯或号型外,还应显示本条2款(1)和(2)项规定的号灯或号型。

4. 从事疏浚或水下作业的船舶,当其操纵能力受到限制时,应显示本条2款(1)、(2)和(3)项规定的号灯和号型。此外,当存在障碍物时,还应显示:

(1)在障碍物存在的一舷,垂直两盏环照红灯或两个球体;

(2)在他船可以通过的一舷,垂直两盏环照绿灯或两个菱形体;

(3)当锚泊时,应显示本款规定的号灯或号型以取代第三十条规定的号灯或号型。

5. 当从事潜水作业的船舶其尺度使之不可能显示本条4款规定的号灯和号型时,则应显示:

(1)在最易见处垂直三盏环照灯,最上和最下者应是红色,中间一盏应是白色;

(2)一个国际信号旗"A"的硬质复制品,其高度不小于1 m,并应采取措施以保证周围都能见到。

6. 从事清除水雷作业的船舶,除显示第二十三条为机动船规定的号灯或第三十条为锚泊船规定的号灯或号型外,还应显示三盏环照绿灯或三个球体。这些号灯或号型之一应在接近前桅桅顶处显示,其余应在前桅桁两端各显示一个。这些号灯或号型表示他船驶近至清除水雷船1 000 m以内是危险的。

7. 除从事潜水作业的船舶外,长度小于12 m的船舶,不要求显示本条规定的号灯和号型。

8. 本条规定的信号不是船舶遇险求救的信号。船舶遇险求救的信号载于本规则附录四内。

第二十八条
限于吃水的船舶

限于吃水的船舶,除第二十三条为机动船规定的号灯外,还可在最易见处垂直显示三盏环照红灯,或者一个圆柱体。

第二十九条
引航船舶

1. 执行引航任务的船舶应显示:
(1)在桅顶或接近桅顶处,垂直两盏环照灯,上白下红;
(2)当在航时,外加舷灯和艉灯;
(3)当锚泊时,除本款(1)项规定的号灯外,还应显示第三十条对锚泊船规定的号灯或号型。

2. 引航船当不执行引航任务时,应显示为其同样长度的同类船舶规定的号灯或号型。

第三十条
锚泊船舶和搁浅船舶

1. 锚泊中的船舶应在最易见处显示：

(1) 在船的前部，一盏环照白灯或一个球体；

(2) 在船尾或接近船尾并低于本款(1)项规定的号灯处，一盏环照白灯。

2. 长度小于 50 m 的船舶，可以在最易见处显示一盏环照白灯，以取代本条 1 款规定的号灯。

3. 锚泊中的船舶，还可以使用现有的工作灯或同等的灯照明甲板，而长度为 100 m 及 100 m 以上的船舶应当使用这类灯。

4. 搁浅的船舶应显示本条 1 或 2 款规定的号灯，并在最易见处外加：

(1) 垂直两盏环照红灯；

(2) 垂直三个球体。

5. 长度小于 7 m 的船舶，不在狭水道、航道、锚地或其他船舶通常航行的水域中或其附近锚泊时，不要求显示本条 1 和 2 款规定的号灯或号型。

6. 长度小于 12 m 的船舶搁浅时，不要求显示本条 4 款(1)项和(2)项规定的号灯或号型。

第三十一条
水上飞机

当水上飞机或地效船不可能显示按本章各条规定的各种特性或位置的号灯和号型时，则应显示尽可能近似于这种特性和位置的号灯和号型。

第四章　声响和灯光信号

第三十二条
定义

1. "号笛"一词，指能够发出规定笛声并符合本规则附录三所载规格的任何声响信号器具。

2. "短声"一词，指历时约 1 s 的笛声。

3. "长声"一词，指历时 4~6 s 的笛声。

第三十三条
声号设备

1. 长度为 12 m 或 12 m 以上的船舶，应配备一个号笛；长度为 20 m 或 20 m 以上的船舶，除了号笛以外还应配备一个号钟；长度为 100 m 或 100 m 以上的船舶，除了号笛和号钟以外，还应配备一面号锣。号锣的音调和声音不可与号钟相混淆。号笛、号钟和号锣应符合本规则附录三所载规格。号钟、号锣或二者可用与其各自声音特性相同的其他设备代替,只要这些设备随时能以手动鸣放规定的声号。

2. 长度小于 12 m 的船舶,不要求备有本条 1 款规定的声响信号器具。若不备有,则应配置能够鸣放有效声号的其他设备。

第三十四条
操纵和警告信号

1. 当船舶在互见中,在航机动船按本规则准许或要求进行操纵时,应用号笛发出下列声号表明之:

——一短声表示"我船正在向右转向";

——二短声表示"我船正在向左转向";

——三短声表示"我船正在向后推进"。

2. 在操纵过程中,任何船舶均可用灯号补充本条 1 款规定的笛号,这种灯号可根据情况予以重复:

(1)这些灯号应具有以下意义:

——一闪表示"我船正在向右转向";

——二闪表示"我船正在向左转向";

——三闪表示"我船正在向后推进"。

(2)每闪历时应约 1 s,各闪应间隔约 1 s,前后信号的间隔应不少于 10 s;

(3)若设有用作本信号的号灯,则应是一盏环照白灯,其能见距离至少为 5 n mile,并应符合本规则附录一所载规定。

3. 在狭水道或航道内互见时:

(1)一艘企图追越他船的船应遵照第九条 5 款(1)项的规定,以号笛发出下列声号表示其意图:

——二长声继以一短声表示"我船企图从你船的右舷追越";

——二长声继以二短声表示"我船企图从你船的左舷追越";

(2)将要被追越的船舶,当按照第九条 5 款(1)项行动时,应以号笛依次发出下列声号表示同意:

——一长、一短、一长、一短声。

4. 当互见中的船舶正在互相驶近,并且不论由于任何原因,任何一船无法了解他船的意图或行动,或者怀疑他船是否正在采取足够的行动以避免碰撞时,存在怀疑的船应立即用号笛鸣放至少五声短而急的声号以表示这种怀疑。该声号可以用至少五次短而急的闪光来补充。

5. 船舶在驶近可能被居间障碍物遮蔽他船的水道或航道的弯头或地段时,应鸣放一长声。该声号应由弯头另一面或居间障碍物后方可能听到它的任何来船回答一长声。

6. 若船上所装几个号笛,其间距大于 100 m,则应只使用一个号笛鸣放操纵和警告声号。

第三十五条
能见度不良时使用的声号

在能见度不良的水域中或其附近时,不论白天还是夜间,本条规定的声号应使用如下:

1. 机动船对水移动时,应以每次不超过 2 min 的间隔鸣放一长声。

2. 机动船在航但已停车,并且不对水移动时,应以每次不超过 2 min 的间隔连续鸣放二长声,二长声间的间隔约 2 s。

3. 失去控制的船舶、操纵能力受到限制的船舶、限于吃水的船舶、帆船、从事捕鱼的船舶,以及从事拖带或顶推他船的船舶,应以每次不超过 2 min 的间隔连续鸣放三声,即一长声继以二短声,以取代本条 1 或 2 款规定的声号。

4. 从事捕鱼的船舶锚泊时,以及操纵能力受到限制的船舶在锚泊中执行任务时,应当鸣放本条 3 款规定的声号以取代本条 7 款规定的声号。

5. 一艘被拖船或者多艘被拖船的最后一艘,若配有船员,应以每次不超过 2 min 的间隔连续鸣放四声,即一长声继以三短声。当可行时,这种声号应在拖船鸣放声号之后立即鸣放。

6. 当一顶推船和一被顶推船牢固地连接成为一个组合体时,应作为一艘机动船,鸣放本条 1 或 2 款规定的声号。

7. 锚泊中的船舶,应以每次不超过 1 min 的间隔急敲号钟约 5 s。长度为 100 m 或 100 m 以上的船舶,应在船的前部敲打号钟,并应在紧接钟声之后,在船的后部急敲号锣约 5 s。此外,锚泊中的船舶,还可以连续鸣放三声,即一短、一长和一短声,以警告驶近的船舶注意本船位置和碰撞的可能性。

8. 搁浅的船舶应鸣放本条 7 款规定的钟号,若有要求,则应加发该款规定的锣号。此外,还应在紧急敲号钟之前和之后各分隔而清楚地敲打号钟三下。搁浅的船舶还可以鸣放合适的笛号。

9. 长度为 12 m 或 12 m 以上但小于 20 m 的船舶,不要求鸣放本条 7 款和 8 款规定的声号。但如果不鸣放上述声号,则应鸣放他种有效的声号,每次间隔不超过 2 min。

10. 长度小于 12 m 的船舶,不要求鸣放上述声号,但如果不鸣放上述声号,则应以每次不超过 2 min 的间隔鸣放其他有效的声号。

11. 引航船当执行引航任务时,除本条 1、2 或 7 款规定的声号外,还可以鸣放由四短声组成的识别声号。

第三十六条
招引注意的信号

如需招引他船注意,任何船舶可以发出灯光或声响信号,但这种信号应不致被误认为本规则其他条款所准许的任何信号,或者可用不致妨碍任何船舶的方式把探照灯的光束朝着危险的方向。任何招引他船注意的灯光,应不致被误认为是任何助航标志的灯光。为此目的,应避免使用诸如频闪灯这样高亮度的间歇灯或旋转灯。

第三十七条
遇险信号

船舶遇险并需要救助时,应使用或显示本规则附录四所述的信号。

第五章　豁免

第三十八条
豁免

在本规则生效之前安放龙骨或处于相应建造阶段的任何船舶(或任何一类船舶)只要符合《1960年国际海上避碰规则》的要求,则可:

1. 在本规则生效之日后4年内,免除安装达到第二十二条规定能见距离的号灯。

2. 在本规则生效之日后4年内,免除安装符合本规则附录一第7款规定的颜色规格的号灯。

3. 永远免除由于从英制单位变换为米制单位以及丈量数字凑整而产生的号灯位置的调整。

4.(1)永远免除长度小于150 m的船舶由于本规则附录一第3款(1)规定而产生的桅灯位置的调整。

(2)在本规则生效之日后9年内,免除长度为150 m或150 m以上的船舶由于本规则附录一第3款(1)规定而产生的桅灯位置的调整。

5. 在本规则生效之日后9年内,免除由于本规则附录一第2款(2)规定而产生的桅灯位置的调整。

6. 在本规则生效之日后9年内,免除由于本规则附录一第2款(7)和第3款(2)规定而产生的舷灯位置的调整。

7. 在本规则生效之日后9年内,免除本规则附录三对声号器具所规定的要求。

8. 永远免除由于本规则附录一第9款(2)规定而产生的环照灯位置的调整。

第六章　对符合本公约规定的验证

第三十九条
定义

1. 审核系指为确定达到审核标准的程度而获取审核证据和客观地对其评价的一套系统的、独立的和有文件记录的程序。

2. 审核机制系指本组织制定的国际海事组织成员国审核机制,其中考虑到本组织制定的导则。

3. 文书实施规则系指本组织以第 A. 1070(28)号决议通过的《国际海事组织文书实施规则》(简称《文书实施规则》)。

4. 审核标准系指《文书实施规则》。

第四十条
适用范围

各缔约国在按本附则履行其责任和义务时,须使用《文书实施规则》的规定。

第四十一条
符合性验证

1. 每一缔约国均须接受本组织按照审核标准进行的定期审核,以验证其是否符合并实施了本公约的要求。

2. 本组织秘书长须基于本组织制订的导则,负责对审核机制实施管理。

3. 每一缔约国均须基于本组织制订的导则,负责为开展审核提供便利并实施为处理审核结果的行动计划。

4. 对所有缔约国的审核均须:

(1)基于本组织秘书长制订的总体计划,并考虑到本组织制订的导则;和

(2)定期进行,并考虑到本组织制订的导则。

附录二 渔业船舶航行值班准则(试行)

(1999 年 11 月 8 日农渔发〔1999〕10 号公布)

第一章 总则

第一条 为保证渔业船舶航行作业的安全,规范渔业船舶值班标准,保护海洋环境,根据《海上交通安全法》《中华人民共和国海洋环境保护法》《中华人民共和国渔港水域交通安全管理条例》制定本准则。

第二条 渔业船舶所有人应根据本准则,并结合所属船舶的具体情况做到:

1. 渔船所有值班人员都必须根据国家有关规定持有相应证书。

2. 编制船舶的航行值班规则,并报所在地渔港监督机关批准。

3. 值班规则应悬挂在船舶驾驶室、轮机舱和无线电通信室内,并确保船长和相应的值班人员遵守。

4. 保证船长能组织和领导船上的一切工作,船长和其他所有船员都必须按国家有关规定进行培训、考试,并持有相应证书。

5. 船上安装的通信和助航仪器以及保障船前安全航行的任何设备都必须处于正常的使用状态。

第三条 船长应当保证:

1. 所有值班人员必须由持有相应适任证书的职务船员担任。

2. 除航行值班人员外其他人员不得随意进入驾驶室。

3. 所有值班人员上岗前必须经过充分休息,不能因值班人员疲劳而影响航行安全。

4. 在航行期间值班人员不得饮酒。

5. 不得安排正在值班的值班人员从事与值班无关的事项。

第四条 船长和值班人员应有良好的职业道德,遇有海难事故时,在不危及本船安全的情况下,应全力进行救助。

第五条 船长和值班人员应遵守国际、国内有关法律、法规、规章和当地港口港章的有关规定。并应采取一切可能的预防措施,防止污染海洋。

第六条 值班驾驶员、轮机员和无线电报(话)务员必须按要求,及时和如实记录航海日志、捕捞日志、轮机日志。航海日志、捕捞日志和轮机日志记载的内容必须与船舶实际动态相符。

第七条 本准则适用于 24 m 及以上渔业船舶。24 m 以下渔业船舶可由省级渔港监督机关参照本准则和其作业范围及作业特点制定,报中华人民共和国渔政渔港监督管理局备案。

第二章 航行及捕捞作业

第八条 航行值班要求:

1. 渔船离港前,船长应主持研究本航次与航行有关的航海资料、制订安全可靠的航行计划。航行中应尽可能实施预定的航行计划。

2. 渔船航行和作业时,只有船长或值班驾驶员才有权下达舵令;操舵员接到命令后要复诵舵令,执行完舵令后要报告;值班驾驶员接到报告后要回答。命令、复诵、报告和回答要清楚响亮。

3. 在任何时候,驾驶室内必须有人值班,并在整个值班时间内保持正规瞭望;在夜间航行时驾驶台和有碍值班人员瞭望的灯光要进行管制。

4. 正规瞭望应包括下列内容:

(1)利用视觉、听觉和其他一切有效手段,持续地保持警惕状态,细心观察周围情况、海面漂浮物、周围环境,包括附近陆标和船前动态等。

(2)密切观测周围船舶相对方位的变化和动态。

(3)正确辨别各种船舶灯光信号,核实浮标编号、灯标性质与岸灯等。

(4)观察天气变化、风情、波浪,特别是能见度的变化等。

(5)及时观察雷达,正确利用雷达进行导航、避让。

(6)正确使用海图,了解周围海面是否有危及航行安全的危险存在。

5. 在值班期间,应充分使用一切可用的助航仪器、陆标和各种定位方法确定船位。

6. 及时修正风、流压差,进行航迹推算,对船舶的船位、航向和速度,要根据当时的海上情况选择适当时间间隔(最长不应超过 1 h)进行核对,以确保船舶沿着计划航线航行。使用船上自动操舵装置时,核对船位的时间间隔要适当缩短。

7. 负责值班的驾驶员应充分了解船上所有安全和航行设备的放置地点和操作方法,了解舵和螺旋桨的控制性能及船舶操纵特性等,并应了解他们在使用时应注意的问题。

8. 在值班时,要严格遵守《规则》,保持正规瞭望,充分估计局面(如:碰撞、搁浅或其他航行危险),处理好避让关系。

9. 值班人员在进行海图作业、观察雷达和记录航海日志时,必须先认真扫视周围海面,确信在此期间没有航行危险迫近时,方可进行上述工作。在进行上述工作时,应当在尽可能短的时间内完成。

10. 船舶进出港口、靠离码头、航经狭水道、船舶密集区、冰区、能见度不良或临近航行障碍物时,船长应在驾驶台亲自指挥,并可派专人到驾驶台协助瞭望;若值班驾驶员对执行航行职责没有十分把握时,则应立即招请船长到驾驶台。

11. 发现遇难的船舶和飞机、遇难人员、沉船和海上漂浮物等,要通知船长或岸台并采取相应措施。

12. 值班人员还应了解由于特殊的作业环境可能产生的对航行值班人员的特别要求。

第九条 渔船捕捞作业值班及要求:

1. 拖网渔船作业时,应由船长、大副轮流值班,二副执行短程转移渔场时的值班;围网船作业,航测鱼群时,由船长、大副、二副轮流值班。不论何种作业方式,起放网时应由船长值班。

2. 渔船在进行捕捞作业时,值班驾驶员除应考虑第八条所规定的内容外,还应考虑下列因并正确地采取行动:

(1)船舶操纵性能,尤其是停船距离、航行和拖带渔具作业时的回转半径。

(2)甲板上船员的安全。

(3)因捕捞作业、渔获物装卸和积载、异常海况和天气状况等而产生的外力对船舶安全带来的不利影响;以及稳性和干舷的降低对渔船安全带来的不利影响。

(4)附近海上建筑物的安全区域、沉船和其他危及渔具的水下障碍物。

(5)在装载渔获物时,应注意在整个航行期间内都应留有充分的干舷、保持渔船稳定性和水密性,还应考虑燃料和备用品的消耗、可能遇到的异常天气状况和甲板连续结冰可能导致的危险。

第三章 锚泊值班

第十条 航道及有明确规定不得锚泊的水域不得锚泊;锚泊时要考虑水流、风向和潮汐情况,并检查周围水域是否有暗礁、沉船、水中障碍等危险物存在。

第十一条 锚泊后要根据《规则》的要求,显示号灯、号型和鸣放声号。

第十二条 在锚泊期间,值班驾驶员要经常了解:

1. 锚泊时的船位,经常检查船位的变化,检查是否有走锚的现象。

2. 了解和观测气象、风向、风力、海流和潮汐情况的变化,并要及时根据风向、风力、潮汐、海流等的变化调整锚链。

3. 密切注意周围船舶的动态,遇有可能迫近的危险时,要按《规则》的规定发出声、光信号。

第十三条 发现走锚或危险迫近时,应立即通知船长,并不失时机地通知机舱备车和全船人员,特别是恶劣天气应提的通知。

第四章 交接班

第十四条 交接班时,接班人员应提前 10 min 上驾驶台做好接班准备。交班人员要确信接班者头脑清醒,并适应了驾驶台的环境后,方可办理交接班手续。

第十五条 交接班时,必须交清以下内容:

1. 船位、拖网与放网时间、航向、拖向、拖速、流速、风速、风压差、流压差等。

2. 各种助航、助渔仪器的使用情况。

3. 对拖网的主、副船或围网船和灯光船之间的动态,周围船舶的动态。

4. 在望或即将在望的岛屿、航标、水面障碍物及海图标注的附近暗礁、沉船、水中障碍物等情况。

5. 天气与海况变化。

6. 航标的识别,下一班可能遇到的危险及有关注意事项的建议。

7. 船长布置的且下一班应知道的事项,航行计划的变化和航海警告、通告等。

第十六条 值班驾驶员遇有列情况不得交班:

1. 正在采取避让措施时。

2. 正在进行起、放网作业时。

3. 接班人员不称职。

4. 没有找到转向目标或船位不清。

5. 授班者没有完全理解交班内容时。

第十七条 在交接班过程中不免除原值班人员的值班责任。

第五章 轮机和无线电值班

第十八条 船长应保证船前在停港或航行期间,机舱始终有轮机人员值班,严格服从驾驶台的指令。如果发现机舱有影响航行安全和可能污染海洋的问题时,轮机值班人员要立刻通知驾驶台。

第十九条 渔船出航前,船长应提前通知轮机长,轮机长接到指令后,应立即通知机舱和机电人员到位,并按照各自分工对机械设备、燃料、备件、工具等进行检查,出航前一个小时,备好车并通知船长。

第二十条 航行和作业期间,机舱值班员严格遵守操作规程,经常检查主、辅机及其他机械运转情况,并保持机艇所有机械始终处于正常工作状态。并在轮机日志记录各种数据。如有异常,要及时处理,自己不能处理或对处理有疑问,应立即通知轮机长,如有必要还应直接通知驾驶室。

第二十一条 轮机值班员在交接班时,必须交清下列情况:

1.主机、发电机、其他辅助机械及仪器、仪表的工作情况。

2.各种电压及油、水及排烟温度、压力情况。

3.轮机长有关指示和注意事项。

4.其他需要交代的情况。

第二十二条 机舱值班员必须服从驾驶室的指令。

第二十三条 按照无线电管理委员会的有关要求,船上无线电报务员或话务员应在船长的统领导下,坚持值班,保持在各种情况下的无线电报或话务通畅。

第二十四条 航海日志和轮机日志必须使用我部规定的统一格式。

第二十五条 本准则自 2000 年 6 月 1 日起执行,由农业部负责解释。

附录三 渔船作业避让规定

（1983年9月20日农牧渔业部〔83〕农（管）字第28号公布，
2007年11月8日农业部令第6号修订）

第一章 总则

第一条 本条例适用于我国正在从事海上捕捞的船舶。

第二条 本条例以不违背《1972年国际海上避碰规则》（以下简称《规则》）为原则,从事各种捕捞作业的船舶除严格遵行《规则》外,还必须遵守本条例。

第三条 本条例各条不妨碍有关主管机关制定的渔业法规的实行。

第四条 在解释和遵行本条例各条规定时,应适当考虑到当时渔场的特殊情况或其他原因,为避免发生网具纠缠、拖损或船舶发生碰撞的危险,而采取与本条例各条规定相背离的措施。

第五条 本条例各条不免除任何从事捕捞作业中的船舶或当事船长、船员、船舶所属单位对执行本条例各条的任何疏忽而产生的各种后果应承担的责任。

第六条 本条例除第六章能见度不良时的行动规则外,其他各章都为互见中的行动规则。

第七条 本条例所指的避让行动,包括避让船舶及其渔具。

第八条 本条例的解释权属于中华人民共和国农牧渔业部。

第二章 通则

第九条 拖网渔船应给下列渔船让路:

1. 从事定置渔具捕捞的渔船。

2. 漂流渔船。

3. 围网渔船。

第十条 围网渔船和漂流渔船应避让从事定置渔具捕捞的渔船。

第十一条 各类渔船在放网过程中,后放网的船应避让先放网的船,并不得妨碍其正常作业。

第十二条 正常作业的渔船,应避让作业中发生故障的渔船。

第十三条 各类渔船在起、放渔具过程中,应保持一定的安全距离。

第十四条 在按本条例采取避让措施时,应与被让路渔船及其渔具保持一定的安全距离。

第十五条 在决定安全距离时,应充分考虑到下列因素:

1. 船舶的操纵性能。

2. 渔具尺度及其作业状况。

3. 渔场的风、流、水深、障碍物及能见度等情况。

4. 周围船舶的动态及其密集程度。

第十六条 任何船舶在经过起网中的围网渔船附近时,严禁触及网具或从起网船与带围船之间通过。

第十七条　让路船舶应距光诱渔船 500 m 以外通过,并不得在该距离之内锚泊或其他有碍于该船光诱效果的行动。

第十八条　围网渔船在放网时,应不妨碍漂流渔船或拖网渔船的正常作业。

第十九条　漂流渔船在放出渔具时,应尽可能离开当时拖网渔船集中作业的渔场。

第二十条　从事定置渔具作业的渔船在放置渔具时,应不妨碍其他从事捕捞船舶的正常作业。

第三章　拖网渔船之间的避让责任和行动

第二十一条　追越渔船应给被追越渔船让路,并不得抢占被追越渔船网档的正前方而妨碍其作业。

第二十二条　机动拖网渔船应给非机动拖网渔船让路。

第二十三条　多对渔船在相对拖网作业相遇时,如一方或双方两侧都有同向平行拖网中的渔船,转向避让确有困难,双方应及时缩小网档或采取其他有效的措施,谨慎地从对方网档的外侧通过,直到双方的网具让清为止。

第二十四条　交叉相遇时:

1.应给本船右舷的另一方船让路。

2.当让路船不能按上款规定让路时,应预先用声号联系,以取得协调一致的避让行动。

3.如被让路船是对拖网船,被让路船应适当考虑到让路船的困难,尽量做到协同避让,必要时尽可能缩小网档,加速通过让路船网档的前方海区。

第二十五条　采取大角度转向的拖网中渔船,不得妨碍附近渔船的正常作业。

第二十六条　不得在拖网渔船的网档正前方放网、抛锚或有其他妨碍该渔船正常作业的行动。

第二十七条　多艘单拖网渔船在同向并列拖网中,两船间应保持一定的安全距离。

第二十八条　放网中渔船,应给拖网中或起网中的渔船让路。

第二十九条　拖网中渔船,应给起网中渔船让路。同时起网船,应给正在从事卡包(分吊)起鱼的渔船让路。

第三十条　准备起网的渔船,应在起网前 10 min 显示起网信号,夜间应同时开亮甲板工作灯,以引起周围船舶的注意。

第四章　围网渔船之间的避让责任和行动

第三十一条　船组在灯诱鱼群时,后下灯的船组与先下灯的船组间的距离应不少于 1 000 m。

第三十二条　围网渔船不得抢围他船用鱼群指示标(灯)所指示的、并准备围捕的鱼群。

第三十三条　在追捕同一的起水鱼群时,只要有一船已开始放网,他船不得有妨碍该放网船正常作业的行动。

第三十四条　围网渔船在起网过程中:

1.底纲已绞起的船应尽可能避让底纲未绞起的船。

2.同是底纲已绞起的船,有带围的船应避让无带围的船。

3.起(捞)鱼的船应避让正在绞(吊)网的船。

第三十五条　船组在灯诱时,"拖灯诱鱼"的船应避让"漂灯诱鱼"和"锚泊灯诱"的船。

第五章　漂流渔船之间的避让责任和行动

第三十六条　漂流渔船在放出渔具时应与同类船保持一定的安全距离,并尽可能做到同向作业。

第三十七条　当双方的渔具有可能发生纠缠时,各应主动起网,或采取其他有效措施,互相避开。

第六章　能见度不良时的行动规则

第三十八条　各类渔船在放网前应充分掌握周围船舶的动态,并结合气象与海况谨慎操作。

第三十九条　及时启用雷达,判断有无存在使本方或他方的船舶和渔具遭受损坏的危险,并采取合理的避让措施。

第四十条　拖网渔船在放网时,应采用安全航速。

第四十一条　拖网渔船在拖网中,应适当地缩小网档。

第四十二条　拖网渔船在拖网中发现与他船网档互相穿插时,应立即停车,同时发出声号一短一长二短声(·—··),通知对方立即停车,并采取有效措施,直到双方互不影响拖网作业时为止。

第四十三条　各类渔船除显示规定的号灯外,还可以开亮工作灯或探照灯。

第七章　号灯、号型和灯光信号

第四十四条　船组在起网过程中,当带围船拖带起网船时,应显示从事围网作业渔船的号灯、号型,当有他船临近时,可向拖缆方向照射探照灯。

第四十五条　围网渔船在拖带灯船或舢板进行探测、搜索或追捕鱼群的过程中,应显示拖带的号灯、号型;当开始放网时,应显示捕鱼作业中所规定的号灯和号型。

第四十六条　灯诱中的围网渔船应按《规则》显示捕鱼作业中的号灯。

第四十七条　下列船舶应显示在航船的号灯:

1. 未拖带灯船的围网船在航测鱼群时。

2. 对拖渔船中等待他船起网的另一艘船。

3. 其他脱离渔具的漂流中的船舶。

第四十八条　停靠在围网渔船网圈旁或在围网渔船旁直接从网中起(捞)鱼的运输船舶,应显示围网渔船的号灯、号型。

第四十九条　运输船靠在拖网中的渔船时,应按《规则》显示"操纵能力受到限制的船舶"的号灯、号型。

第五十条　围网渔船在夜间放网时:

1. 网圈上应显示五只以上间距相等的白色闪光灯。

2. 如不能按本条1款规定显示信号时,应采取一切可能措施,使网圈上有灯光或至少能表明该网圈的存在。

第五十一条　漂流渔船除显示《规则》有关号灯、号型外,还应在渔具上显示下列信号:

日间:每隔不大于 500 m 的间距,显示顶端有红色三角旗的标志一面;其远离船的一端,应垂直显示红色三角旗两面。

夜间:每隔不大于 1 000 m 的间距,显示白色灯一盏,在远离船的一端显示红色灯一盏。

上述灯光的视距应不少于 0.5 n mile。

第八章　附则

第五十二条　名词解释:

1.“渔船”一词是指正在使用拖网、围网、灯诱、流刺网、延绳钓渔具和定置渔具进行捕捞作业的船舶(但不包括曳绳钓和手钓渔具捕鱼的船舶)。

2.“船组”一词是指由一艘围网渔船,一艘或一艘以上灯光船组成的一个生产单位。

3.“网档”一词是指两艘拖网渔船在平行同向拖曳同一渔具过程中,船舶之间的横距。

4.“带围船”一词是指拖带围网渔船的船舶。

5.“从事定置渔具捕捞的船舶”是指在碇泊中设置渔具或正在起放定置渔具或系泊在定置渔具上等候潮水起网的船舶。

6.“漂流渔船”一词是指系带渔具随风流漂移而从事捕捞作业的船舶(包括流刺网、延绳钓渔船,但不包括手钓、曳绳钓渔船)。

7.“围网渔船”一词是指正在起、放围网或施放水下灯具或灯光诱集鱼群的船舶。

8.“拖网渔船”一词是指一艘或一艘以上从事拖网或正在起放拖网作业的船舶。

第五十三条　本条例自 1984 年 10 月 1 日起施行。

附录四　中华人民共和国渔业船员管理办法

（2014 年 5 月 23 日农业部令 2014 年第 4 号公布,2017 年 11 月 30 日
农业部令 2017 年第 8 号、2022 年 1 月 7 日农业农村部令 2022 年第 1 号修订）

第一章　总则

第一条　加强渔业船员管理,维护渔业船员合法权益,保障渔业船舶及船上人员的生命财产安全,根据《中华人民共和国船员条例》,制定本办法。

第二条　本办法适用于在中华人民共和国国籍渔业船舶上工作的渔业船员的管理。

第三条　农业农村部负责全国渔业船员管理工作。

县级以上地方人民政府渔业主管部门及其所属的渔政渔港监督管理机构,依照各自职责负责渔业船员管理工作。

第二章　渔业船员任职和发证

第四条　渔业船员实行持证上岗制度。渔业船员应当按照本办法的规定接受培训,经考试或考核合格、取得相应的渔业船员证书后,方可在渔业船舶上工作。

在远洋渔业船舶上工作的中国籍船员,还应当按照有关规定取得中华人民共和国海员证。

第五条　渔业船员分为职务船员和普通船员。

职务船员是负责船舶管理的人员,包括以下五类:

（一）驾驶人员,职级包括船长、船副、助理船副。

（二）轮机人员,职级包括轮机长、管轮、助理管轮。

（三）机驾长。

（四）电机员。

（五）无线电操作员。

职务船员证书分为海洋渔业职务船员证书和内陆渔业职务船员证书,具体等级职级划分见附件 1。

普通船员是职务船员以外的其他船员。普通船员证书分为海洋渔业普通船员证书和内陆渔业普通船员证书。

第六条　渔业船员培训包括基本安全培训、职务船员培训和其他培训。

基本安全培训是指渔业船员都应当接受的任职培训,包括水上求生、船舶消防、急救、应急措施、防止水域污染、渔业安全生产操作规程等内容。

职务船员培训是指职务船员应当接受的任职培训,包括拟任岗位所需的专业技术知识、专业技能和法律法规等内容。

其他培训是指远洋渔业专项培训和其他与渔业船舶安全和渔业生产相关的技术、技能、知识、法律法规等培训。

第七条　申请渔业普通船员证书应当具备以下条件:

（一）年满 18 周岁（在船实习、见习人员年满 16 周岁）且初次申请不超过 60 周岁。

(二)符合渔业船员健康标准(见附件2)。

(三)经过基本安全培训。

符合以上条件的,由申请者向渔政渔港监督管理机构提出书面申请。渔政渔港监督管理机构应当组织考试或考核,对考试或考核合格的,自考试成绩或考核结果公布之日起10个工作日内发放渔业普通船员证书。

第八条　申请渔业职务船员证书应当具备以下条件:

(一)持有渔业普通船员证书或下一级相应职务船员证书。

(二)初次申请不超过60周岁。

(三)符合任职岗位健康条件要求。

(四)具备相应的任职资历条件(见附件3),且任职表现和安全记录良好。

(五)完成相应的职务船员培训,在远洋渔业船舶上工作的驾驶和轮机人员,还应当接受远洋渔业专项培训。

符合以上条件的,由申请者向渔政渔港监督管理机构提出书面申请。渔政渔港监督管理机构应当组织考试或考核,对考试或考核合格的,自考试成绩或考核结果公布之日起10个工作日内发放相应的渔业职务船员证书。

第九条　航海、海洋渔业、轮机管理、机电、船舶通信等专业的院校毕业生申请渔业职务船员证书,具备本办法第八条规定的健康及任职资历条件的,可申请考核。经考核合格,按以下规定分别发放相应的渔业职务船员证书:

(一)高等院校本科毕业生按其所学专业签发一级船副、一级管轮、电机员、无线电操作员证书。

(二)高等院校专科(含高职)毕业生按其所学专业签发二级船副、二级管轮、电机员、无线电操作员证书。

(三)中等专业学校毕业生按其所学专业签发助理船副、助理管轮、电机员、无线电操作员证书。

内陆渔业船舶接收相应专业毕业生任职的,参照前款规定执行。

第十条　曾在军用船舶、交通运输船舶等非渔业船舶上任职的船员申请渔业船员证书,应当参加考核。经考核合格,由渔政渔港监督管理机构换发相应的渔业普通船员证书或渔业职务船员证书。

第十一条　申请海洋渔业船舶一级驾驶人员、一级轮机人员、电机员、无线电操作员证书以及远洋渔业职务船员证书的,由省级以上渔政渔港监督管理机构组织考试、考核、发证;其他渔业船员证书的考试、考核、发证权限由省级渔政渔港监督管理机构制定并公布,报农业农村部备案。

第十二条　渔业船员考试包括理论考试和实操评估。海洋渔业船员考试大纲由农业农村部统一制定并公布。内陆渔业船员考试大纲由省级渔政渔港监督管理机构根据本辖区的具体情况制定并公布。

渔业船员考核可由渔政渔港监督管理机构根据实际需要和考试大纲,选取适当科目和内容进行。

第十三条　渔业船员证书的有效期不超过5年。证书有效期满,持证人需要继续从事相应工作的,应当向有相应管理权限的渔政渔港监督管理机构申请换发证书。渔政渔港监督管理机构可以根据实际需要和职务知识技能更新情况组织考核,对考核合格的,换发相应渔业船员证书。

渔业船员证书期满 5 年后,持证人需要从事渔业船员工作的,应当重新申请原等级原职级证书。

第十四条 有效期内的渔业船员证书损坏或丢失的,应当凭损坏的证书原件或在原发证机关所在地报纸刊登的遗失声明,向原发证机关申请补发。补发的渔业船员证书有效期应当与原证书有效期一致。

第十五条 渔业船员证书格式由农业农村部统一制定。远洋渔业职务船员证书由农业农村部印制;其他渔业船员证书由省级渔政渔港监督管理机构印制。

第十六条 禁止伪造、变造、转让渔业船员证书。

第三章　渔业船员配员和职责

第十七条 海洋渔业船舶应当满足本办法规定的职务船员最低配员标准(附件 4)。内陆渔业船舶船员最低配员标准由各省级人民政府渔业主管部门根据本地情况制定,报农业农村部备案。

持有高等级职级船员证书的船员可以担任低等级职级船员职务。

渔业船舶所有人或经营人可以根据作业安全和管理的需要,增加职务船员的配员。

第十八条 渔业船舶在境外遇有不可抗力或其他持证人不能履行职务的特殊情况,导致无法满足本办法规定的职务船员最低配员标准时,具备以下条件的船员,可以由船舶所有人或经营人向船籍港所在地省级渔政渔港监督管理机构申请临时担任上一职级职务:

(一)持有下一职级相应证书。

(二)申请之日前 5 年内,具有 6 个月以上不低于其船员证书所记载船舶、水域、职务的任职资历。

(三)任职表现和安全记录良好。

渔政渔港监督管理机构根据拟担任上一级职务船员的任职情况签发特免证明。特免证明有效期不得超过 6 个月,不得延期,不得连续申请。渔业船舶抵达中国第一个港口后,特免证明自动失效。失效的特免证明应当及时缴回签发机构。

一艘渔业船舶上同时持有特免证明的船员不得超过 2 人。

第十九条 中国籍渔业船舶的船长应当由中国籍公民担任。

外国籍公民在中国籍渔业船舶上工作,应当持有所属国政府签发的相关身份证件,在我国依法取得就业许可,并按本办法的规定取得渔业船员证书。持有中华人民共和国缔结或者加入的国际条约的缔约国签发的外国职务船员证书的,应当按照国家有关规定取得承认签证。承认签证的有效期不得超过被承认职务船员证书的有效期,当被承认职务船员证书失效时,相应的承认签证自动失效。

第二十条 渔业船舶所有人或经营人应当为在渔业船舶上工作的渔业船员建立基本信息档案,并报船籍港所在地渔政渔港监督管理机构或渔政渔港监督管理机构委托的服务机构备案。

渔业船员变更的,渔业船舶所有人或经营人应当在出港前 10 个工作日内报船籍港所在地渔政渔港监督管理机构或渔政渔港监督管理机构委托的服务机构备案,并及时变更渔业船员基本信息档案。

第二十一条 渔业船员在船工作期间,应当符合下列要求:

(一)携带有效的渔业船员证书。

(二)遵守法律法规和安全生产管理规定,遵守渔业生产作业及防治船舶污染操作规程。

(三)执行渔业船舶上的管理制度和值班规定。

(四)服从船长及上级职务船员在其职权范围内发布的命令。

(五)参加渔业船舶应急训练、演习,落实各项应急预防措施。

(六)及时报告发现的险情、事故或者影响航行、作业安全的情况。

(七)在不严重危及自身安全的情况下,尽力救助遇险人员。

(八)不得利用渔业船舶私载、超载人员和货物,不得携带违禁物品。

(九)职务船员不得在生产航次中擅自辞职、离职或者中止职务。

第二十二条 渔业船员在船舶航行、作业、锚泊时应当按照规定值班。值班船员应当履行以下职责:

(一)熟悉并掌握船舶的航行与作业环境、航行与导航设施设备的配备和使用、船舶的操控性能、本船及邻近船舶使用的渔具特性,随时核查船舶的航向、船位、船速及作业状态。

(二)按照有关的船舶避碰规则以及航行、作业环境要求保持值班瞭望,并及时采取预防船舶碰撞和污染的相应措施。

(三)如实填写有关船舶法定文书。

(四)在确保航行与作业安全的前提下交接班。

第二十三条 船长是渔业安全生产的直接责任人,在组织开展渔业生产、保障水上人身与财产安全、防治渔业船舶污染水域和处置突发事件方面,具有独立决定权,并履行以下职责:

(一)确保渔业船舶和船员携带符合法定要求的证书、文书以及有关航行资料。

(二)确保渔业船舶和船员在开航时处于适航、适任状态,保证渔业船舶符合最低配员标准,保证渔业船舶的正常值班。

(三)服从渔政渔港监督管理机构依据职责对渔港水域交通安全和渔业生产秩序的管理,执行有关水上交通安全和防治船舶污染等规定。

(四)确保渔业船舶依法进行渔业生产,正确合法使用渔具渔法,在船人员遵守相关资源养护法律法规,按规定填写渔捞日志,并按规定开启和使用安全通导设备。

(五)在渔业船员证书内如实记载渔业船员的履职情况。

(六)按规定办理渔业船舶进出港报告手续。

(七)船舶进港、出港、靠泊、离泊,通过交通密集区、危险航区等区域,或者遇有恶劣天气和海况,或者发生水上交通事故、船舶污染事故、船舶保安事件以及其他紧急情况时,应当在驾驶台值班,必要时应当直接指挥船舶。

(八)发生水上安全交通事故、污染事故、涉外事件、公海登临和港口国检查时,应当立即向渔政渔港监督管理机构报告,并在规定的时间内提交书面报告。

(九)全力保障在船人员安全,发生水上安全事故危及船上人员或财产安全时,应当组织船员尽力施救。

(十)弃船时,船长应当最后离船,并尽力抢救渔捞日志、轮机日志、油类记录簿等文件和物品。

（十一）在不严重危及自身船舶和人员安全的情况下，尽力履行水上救助义务。

第二十四条 船长履行职责时，可以行使下列权力：

（一）当渔业船舶不具备安全航行条件时，拒绝开航或者续航。

（二）对渔业船舶所有人或经营人下达的违法指令，或者可能危及船员、财产或船舶安全，以及造成渔业资源破坏和水域环境污染的指令，可以拒绝执行。

（三）当渔业船舶遇险并严重危及船上人员的生命安全时，决定船上人员撤离渔业船舶。

（四）在渔业船舶的沉没、毁灭不可避免的情况下，报经渔业船舶所有人或经营人同意后弃船，紧急情况除外。

（五）责令不称职的船员离岗。

船长在其职权范围内发布的命令，船舶上所有人员必须执行。

第四章　渔业船员培训和服务

第二十五条 渔业船员培训机构开展培训业务，应当具备开展相应培训所需的场地、设施、设备和教学人员条件。

第二十六条 海洋渔业船员培训机构分为以下三级，应当具备的具体条件由农业农村部另行规定：

一级渔业船员培训机构，可以承担海洋渔业船舶各类各级职务船员培训、远洋渔业专项培训和基本安全培训。

二级渔业船员培训机构，可以承担海洋渔业船舶二级以下驾驶和轮机人员培训、机驾长培训和基本安全培训。

三级渔业船员培训机构，可以承担海洋渔业船舶机驾长培训和基本安全培训。

内陆渔业船员培训机构应当具备的具体条件，由省级人民政府渔业主管部门根据渔业船员管理需要制定。

第二十七条 渔业船员培训机构应当在每期培训班开班前，将学员名册、培训内容和教学计划报所在地渔政渔港监督管理机构备案。

第二十八条 渔业船员培训机构应当建立渔业船员培训档案。学员参加培训课时达到规定培训课时 80% 的，渔业船员培训机构方可出具渔业船员培训证明。

第二十九条 国家鼓励建立渔业船员服务机构。

渔业船员服务机构可以为渔业船员代理申请考试、申领证书等有关手续，代理船舶所有人或经营人管理渔业船员事务，提供渔业船员船舶配员等服务。

渔业船员服务机构为船员提供服务，应当订立书面合同。

第五章　渔业船员职业管理与保障

第三十条 渔业船舶所有人或经营人应当依法与渔业船员订立劳动合同。

渔业船舶所有人或经营人，不得招用未持有相应有效渔业船员证书的人员上船工作。

第三十一条 渔业船舶所有人或经营人应当依法为渔业船员办理保险。

第三十二条 渔业船舶所有人或经营人应当保障渔业船员的生活和工作场所符合《渔业船舶法定检验规则》对船员生活环境、作业安全和防护的要求，并为船员提供必要的船上生活用品、防护用品、医疗用品，建立船员健康档案，为船员定期进行健康检查和心理辅导，防治职业疾病。

第三十三条　渔业船员在船上工作期间受伤或者患病的,渔业船舶所有人或经营人应当及时给予救治;渔业船员失踪或者死亡的,渔业船舶所有人或经营人应当及时做好善后工作。

第三十四条　渔业船舶所有人或经营人是渔业安全生产的第一责任人,应当保证安全生产所需的资金投入,建立健全安全生产责任制,按照规定配备船员和安全设备,确保渔业船舶符合安全适航条件,并保证船员足够的休息时间。

第六章　监督管理

第三十五条　渔政渔港监督管理机构应当健全渔业船员管理及监督检查制度,建立渔业船员档案,督促渔业船舶所有人或经营人完善船员安全保障制度,落实相应的保障措施。

第三十六条　渔政渔港监督管理机构应当依法对渔业船员持证情况、任职资格和资历、履职情况、安全记录,船员培训机构培训质量,船员服务机构诚实守信情况等进行监督检查,必要时可对船员进行现场考核。

渔政渔港监督管理机构依法实施监督检查时,船员、渔业船舶所有人和经营人、船员培训机构和服务机构应当予以配合,如实提供证书、材料及相关情况。

第三十七条　渔业船员违反有关法律、法规、规章的,除依法给予行政处罚外,各省级人民政府渔业主管部门可根据本地实际情况实行累计记分制度。

第三十八条　渔政渔港监督管理机构应当对渔业船员培训机构的条件、培训情况、培训质量等进行监督检查,检查内容包括教学计划的执行情况、承担本期培训教学任务的师资情况和教学情况、培训设施设备和教材的使用及补充情况、培训规模与师资配备要求的符合情况、学员的出勤情况、培训档案等。

第三十九条　渔政渔港监督管理机构应当公开有关渔业船员管理的事项、办事程序、举报电话号码、通信地址、电子邮件信箱等信息,自觉接受社会的监督。

第七章　罚则

第四十条　违反本办法规定,以欺骗、贿赂等不正当手段取得渔业船员证书的,由渔政渔港监督管理机构吊销渔业船员证书,并处 2 000 元以上 2 万元以下罚款,三年内不再受理申请人渔业船员证书申请。

第四十一条　伪造、变造、转让渔业船员证书的,由渔政渔港监督管理机构收缴有关证书,处 2 万元以上 10 万元以下罚款,有违法所得的,还应当没收违法所得。

隐匿、篡改或者销毁有关渔业船舶、渔业船员法定证书、文书的,由渔政渔港监督管理机构处 1 000 元以上 1 万元以下罚款;情节严重的,并处暂扣渔业船员证书 6 个月以上 2 年以下直至吊销渔业船员证书的处罚。

第四十二条　渔业船员违反本办法第二十一条第一项规定,责令改正,可以处 2 000 元以下罚款。

违反本办法第二十一条第三项、第四项、第五项规定的,予以警告,情节严重的,处 200 元以上 2 000 元以下罚款。

违反本办法第二十一条第九项规定的,处 1 000 元以上 2 万元以下罚款。

第四十三条　渔业船员违反本办法第二十一条第二项、第六项、第七项、第八项和第二十二条规定的,处 1 000 元以上 1 万元以下罚款;情节严重的,并处暂扣渔业船员证书 6 个月以上 2 年以下直至吊销渔业船员证书的处罚。

第四十四条　渔业船舶的船长违反本办法第二十三条第一项、第二项、第五项、第七项、第十项规定的,由渔政渔港监督管理机构处 2 000 元以上 2 万元以下罚款;情节严重的,并处暂扣渔业船员证书 6 个月以上 2 年以下直至吊销渔业船员证书的处罚。违反第二十三条第三项、第六项规定的,责令改正,并可以处警告、2 000 元以上 2 万元以下罚款;情节严重的,并处暂扣渔业船员证书 6 个月以下,直至吊销渔业船员证书的处罚。违反第二十三条第四项、第八项、第九项、第十一项规定的,由渔政渔港监督管理机构处 2 000 元以上 2 万元以下罚款。

第四十五条　渔业船员因违规造成责任事故,涉嫌犯罪的,及时将案件移送司法机关,依法追究刑事责任。

第四十六条　渔业船员证书被吊销的,自被吊销之日起 2 年内,不得申请渔业船员证书。

第四十七条　渔业船舶所有人或经营人有下列行为之一的,由渔政渔港监督管理机构责令改正,处 3 万元以上 15 万元以下罚款:

(一)未按规定配齐渔业职务船员,或招用未取得本办法规定证件的人员在渔业船舶上工作的。

(二)渔业船员在渔业船舶上生活和工作的场所不符合相关要求的。

(三)渔业船员在船工作期间患病或者受伤,未及时给予救助的。

第四十八条　渔业船员培训机构有下列情形之一的,由渔政渔港监督管理机构责令改正,并按以下规定处罚:

(一)不具备规定条件开展渔业船员培训的,处 5 万元以上 25 万元以下罚款,有违法所得的,还应当没收违法所得。

(二)未按规定的渔业船员考试大纲和水上交通安全、防治船舶污染等内容要求进行培训的,可以处 2 万元以上 10 万元以下罚款。

未按规定出具培训证明或者出具虚假培训证明的,由渔政渔港监督管理机构给予警告,责令改正;拒不改正或者再次出现同类违法行为的,可处 3 万元以下罚款。

第四十九条　渔业主管部门或渔政渔港监督管理机构工作人员有下列情形之一的,依法给予处分:

(一)违反规定发放渔业船员证书的。

(二)不依法履行监督检查职责的。

(三)滥用职权、玩忽职守的其他行为。

第八章　附则

第五十条　本办法中下列用语的含义是:

渔业船员,是指服务于渔业船舶,具有固定工作岗位的人员。

船舶长度,是指公约船长,即"渔业船舶国籍证书"所登记的"船长"。

主机总功率,是指所有用于推进的发动机持续功率总和,即"渔业船舶国籍证书"所登记"主机总功率"。

第五十一条　海洋渔业船舶的所有人、经营人、船长、船员违反《海上交通安全法》相关规定的处罚,按《海上交通安全法》执行。

第五十二条　非机动渔业船舶的船员管理办法,由各省级人民政府渔业主管部门根据本地实际情况制定。

第五十三条　渔业船员培训、考试、发证,应当按国家有关规定缴纳相关费用。

第五十四条　本办法自 2015 年 1 月 1 日起施行。农业部 1994 年 8 月 18 日公布的《内河渔业船舶船员考试发证规则》、1998 年 3 月 2 日公布的《中华人民共和国渔业船舶普通船员专业基础训练考核发证办法》、2006 年 3 月 27 日公布的《中华人民共和国海洋渔业船员发证规定》同时废止。

附录五　浙江沿海主要公共航路分布

　　为了维护海上通航秩序,依据《海上交通安全法》有关规定,决定对浙江沿海主要公共航路进行调整。2021 年 9 月浙江海事局发布浙航通〔2021〕0003 号通告,如下:

一、浙江沿海主要公共航路图

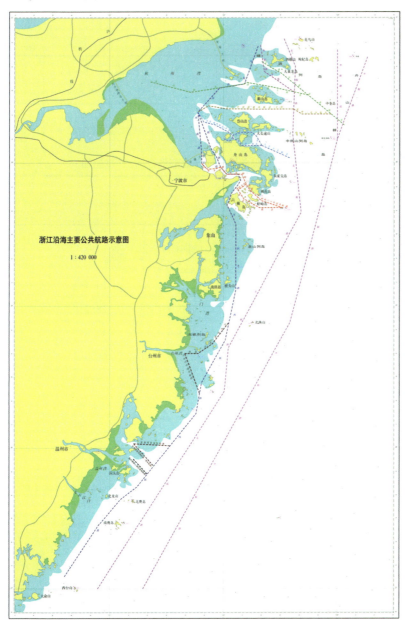

浙江沿海主要公共航路示意图
1:420 000

二、浙江沿海主要公共航路

1. 外航路

编号	中心线坐标		航向(°)	到下一转向点距离(n mile)	航路宽度
	纬度(N)	经度(E)			
1	30°44.00′	123°16.00′	202	36.76	中心线两侧各3 n mile
2	30°10.00′	123°00.00′	196	80.12	
3	28°53.00′	122°35.00′	211.5	132.20	
4	27°00.00′	121°17.50′	/	/	

2. 外航路支线(长江口—外甩礁)

编号	中心线坐标		航向(°)	到下一转向点距离(n mile)	航路宽度
	纬度(N)	经度(E)			
1	30°47.00′	123°00.00′	180	37.04	中心线两侧各1.5 n mile
2	30°10.00′	123°00.00′	/	/	
该段航路主要服务进出浙江北部港口、长江口船舶					

3. 东航路

编号	中心线坐标		航向(°)	到下一转向点距离(n mile)	航路宽度
	纬度(N)	经度(E)			
1	30°51.60′	122°32.00′	156	12.48	中心线两侧各2 n mile
2	30°40.20′	122°37.90′	182.5	28.24	
3	30°12.00′	122°36.50′	173.5	32.84	
4	29°39.40′	122°40.85′	210.5	65.98	
5	28°42.50′	122°02.70′	186	18.61	
6	28°24.00′	122°00.50′	215.5	102.90	
7	27°00.00′	120°53.60′	/	/	

4. 东航路支线

编号	中心线坐标		航向(°)	到下一转向点距离(n mile)	航路宽度
	纬度(N)	经度(E)			
1	30°49.00′	122°19.50′	171	11.14	中心线两侧各1 n mile
2	30°38.00′	122°21.50′	122	16.05	
3	30°29.50′	122°37.30′	/	/	

5. 西航路

编号	中心线坐标		航向（°）	到下一转向点 距离（n mile）	航路宽度
	纬度（N）	经度（E）			
1	30°48.50′	122°18.30′	201.5	16.89	
2	30°32.80′	122°11.10′	262	11.49	
3	30°31.20′	121°57.90′	225	14.09	
4	30°21.20′	121°46.40′	159	15.25	
5	30°07.00′	121°52.80′	152	2.16	
6	30°05.10′	121°53.98′	147	1.07	
7	30°04.20′	121°54.65′	139.5	1.09	
8	30°03.37′	121°55.47′	145	1.32	
9	30°02.29′	121°56.34′	156	4.37	
10	29°58.30′	121°58.4′	137	4.02	
11	29°55.37′	122°01.58′	090	5.32	
12	29°55.37′	122°07.71′	155	2.84	
13	29°52.80′	122°09.10′	211.5	2.54	中心线两侧
14	29°50.64′	122°07.57′	221.5	4.97	各 1 n mile
15	29°46.92′	122°03.78′	185	1.12	
16	29°45.81′	122°03.66′	201.5	1.88	
17	29°44.06′	122°02.87′	212	1.72	
18	29°42.60′	122°01.82′	154	9.69	
19	29°33.90′	122°06.70′	180	27.02	
20	29°06.90′	122°06.70′	193	21.92	
21	28°45.60′	122°01.00′	212	20.97	
22	28°27.80′	121°48.40′	191	13.45	
23	28°14.60′	121°45.50′	221.5	41.46	
24	27°43.50′	121°14.50′	235.5	9.36	
25	27°38.20′	121°05.80′	223	15.34	
26	27°27.00′	120°54.00′	216	26.95	
27	27°05.20′	120°36.20′	／	／	

船舶进入宁波舟山港核心港区定线制水域时应按照《宁波舟山港核心港区深水航路船舶定线制》《宁波舟山港核心港区深水航路船舶报告制》以及相应的航行管理规定航行

6. 西航路支线(鱼腥脑—金塘大桥—涂泥咀)

编号	中心线坐标		航向(°)	到下一转向点距离(n mile)	航路宽度
	纬度(N)	经度(E)			
1	30°21.20′	121°46.40′	174	15.29	中心线两侧各0.5 n mile
2	30°06.00′	121°48.20′	178	6.31	
3	29°59.70′	121°48.45′	134	2.59	
4	29°57.90′	121°50.60′	120	1.00	
5	29°57.40′	121°51.60′	085.5	3.83	
6	29°57.70′	121°56.00′	074	2.17	
7	29°58.30′	121°58.40′	/	/	

船舶进入宁波舟山港核心港区定线制水域时应按照《宁波舟山港核心港区深水航路船舶定线制》《宁波舟山港核心港区深水航路船舶报告制》以及相应的航行管理规定航行

7. 舟山北部进港航路(马迹山港进港航道—洋山港主航道—金山航道)

编号	中心线坐标		航向(°)	到下一转向点距离(n mile)	航段名称
	纬度(N)	经度(E)			
1	30°15.70′	123°03.70′	307.1	35.75	马迹山港进港航道
2	30°37.20′	122°30.60′	296.7	5.59	
3	30°39.71′	122°24.80′	300.1	4.57	
4	30°42.00′	122°20.20′	/	/	
5	30°28.21′	122°44.45′	281.8	16.69	洋山港主航道
6	30°31.60′	122°25.50′	279.2	11.70	
7	30°33.46′	122°12.10′	232.5	1.09	金山航道
8	30°32.80′	122°11.10′	262.1	24.74	
9	30°29.37′	121°42.68′	283.5	18.71	
10	30°33.70′	121°21.56′	/	/	

8. 舟山中北部进港航路(蛇移门南向航道—舟山中部港域西航道北段)

编号	中心线坐标		航向(°)	到下一转向点距离(n mile)	航段名称
	纬度(N)	经度(E)			
1	30°20.35′	122°56.50′	270	13.21	蛇移门南向航道
2	30°20.35′	122°41.20′	299.5	4.27	
3	30°22.45′	122°36.90′	269.9	15.71	

续表

编号	中心线坐标		航向(°)	到下一转向点距离(n mile)	航段名称
	纬度(N)	经度(E)			
4	30°22.39′	122°18.70′	270.7	15.02	舟山中部港域西航道北段
5	30°22.55′	122°01.30′	278.9	8.12	
6	30°23.80′	121°52.00′	241.7	5.49	
7	30°21.20′	121°46.40′	/	/	

9. 舟山中部进港航路(马吞航道口外公共段—灌门航道/龟山航道—舟山中部港域西航道南段/长白水道)

编号	中心线坐标		航向(°)	到下一转向点距离(n mile)	航段名称
	纬度(N)	经度(E)			
1	30°02.09′	122°34.92′	291.1	13.81	马吞航道口外公共段
2	30°07.26′	122°20.13′	269.7	7.74	
3	30°07.21′	122°11.19′	272.9	1.19	灌门航道
4	30°07.27′	122°09.82′	318.4	2.92	
5	30°09.45′	122°07.58′	287.8	2.03	
6	30°10.07′	122°05.34′	322.5	0.67	
7	30°10.60′	122°04.87′	359.3	0.67	
8	30°11.27′	122°04.86′	313.9	1.63	舟山中部港域西航道南段
9	30°12.40′	122°03.50′	296.2	7.71	
10	30°15.80′	121°55.50′	283.1	5.32	
11	30°17.00′	121°49.50′	327.5	4.98	
12	30°21.20′	121°46.40′	/	/	
13	30°07.26′	122°20.13′	328.6	4.41	龟山航道
14	30°11.02′	122°17.47′	310.3	2.54	
15	30°12.66′	122°15.23′	280.4	0.72	
16	30°12.79′	122°14.41′	268.1	2.76	
17	30°12.70′	122°11.22′	272.7	1.27	
18	30°12.76′	122°09.75′	255.1	3.88	
19	30°11.76′	122°05.41′	224.1	0.68	
20	30°11.27′	122°04.86′	179.3	0.67	
21	30°10.60′	122°04.87′	219.6	1.52	长白水道
22	30°09.43′	122°03.75′	270	1.84	
23	30°09.43′	122°01.62′	296.1	1.39	
24	30°10.04′	122°00.18′	/	/	

10. 宁波舟山港核心港区进港航路(虾峙门口外深水航槽—虾峙门航道/条帚门航道—佛渡水道—螺头水道—金塘水道)

编号	中心线坐标		航向(°)	到下一转向点距离(n mile)	航段名称
	纬度(N)	经度(E)			
1	29°41.26′	122°31.37′	286.9	10.48	虾峙门口外深水航槽
2	29°44.30′	122°19.83′	310.6	6.23	
3	29°48.35′	122°14.39′	319.6	2.09	虾峙门航道
4	29°49.94′	122°12.83′	330.1	1.41	
5	29°51.16′	122°12.02′	333.9	4.69	
6	29°55.37′	122°09.64′	270	6.99	螺头水道
7	29°55.37′	122°01.58′	316.8	4.02	
8	29°58.30′	121°58.40′	253.9	2.17	
9	29°57.70′	121°56.00′	265.5	3.83	金塘水道
10	29°57.40′	121°51.60′	300	1.00	
11	29°57.90′	121°50.60′	314.0	2.59	
12	29°59.70′	121°48.45′	/	/	
13	29°41.37′	122°30.53′	269.8	10.08	条帚门口外推荐航线
14	29°41.32′	122°18.93′	297.1	5.75	
15	29°43.94′	122°13.04′	298.4	2.31	条帚门航道
16	29°45.04′	122°10.70′	325.8	4.50	
17	29°48.76′	122°07.78′	058	3.15	
18	29°50.43′	122°10.86′	054	1.24	佛渡水道
19	29°51.16′	122°12.02′	/	/	
船舶进入宁波舟山港核心港区定线制水域时应按照《宁波舟山港核心港区深水航路船舶定线制》《宁波舟山港核心港区深水航路船舶报告制》以及相应的航行管理规定航行					

11. 台州湾进港北航路

编号	中心线坐标		航向(°)	到下一转向点距离(n mile)	航路宽度
	纬度(N)	经度(E)			
1	28°52.90′	122°02.60′	220.3	11.40	中心线两侧各0.5 n mile
2	28°44.20′	121°54.20′	238.2	7.96	
3	28°40.00′	121°46.50′	270	6.06	
4	28°40.00′	121°39.60′	/	/	

12. 台州湾进港南航路

编号	中心线坐标		航向(°)	到下一转向点距离(n mile)	航路宽度
	纬度(N)	经度(E)			
1	28°23.20′	121°47.30′	338.1	18.12	中心线两侧
2	28°40.00′	121°39.60′	/	/	各0.5 n mile

13. 乐清湾进港北航路

编号	中心线坐标		航向(°)	到下一转向点距离(n mile)	航路宽度
	纬度(N)	经度(E)			
1	28°01.00′	121°31.73′	273.1	16.80	中心线两侧
2	28°01.88′	121°12.74′	/	/	各0.5 n mile

14. 乐清湾进港南航路(深水航路)

编号	中心线坐标		航向(°)	到下一转向点距离(n mile)	航段名称
	纬度(N)	经度(E)			
1	27°52.60′	121°22.93′	315.9	12.94	乐清湾进港南
2	28°01.88′	121°12.74′	/	/	航路(深水航路)

船舶进入乐清湾定线制水域时应按照《乐清湾水域船舶定线制》《乐清湾水域船舶报告制》以及相应的航行管理规定航行

15. 温州港核心港区进港航路

编号	中心线坐标		航向(°)	到下一转向点距离(n mile)	航段名称
	纬度(N)	经度(E)			
1	27°49.01′	121°19.73′	314.5	9.01	温州港核心
2	27°55.32′	121°12.46′	/	/	港区进港航路

相关说明：

(1)航路宽度为理论宽度,受自然环境、通航条件等限制航段的航路宽度以可航水域宽度为限。

(2)船舶应根据本船特点和目的港,参照最新航海图书资料,科学合理地选择航路。途经浙江沿海的大型船舶建议优先选择外航路,从海礁东侧通过。

(3)船舶应严格遵守《规则》和海事管理机构公布的特别规定,穿越或进出航路、通过通航密集区应特别谨慎驾驶,以策安全。

附录六 渔船常用避碰通信英语

1. I am changing course to starboard. 我正在向右转向。

2. I am changing course to port. 我正在向左转向。

3. I am increasing speed. 我正在加速。

4. I am reducing speed. 我正在减速。

5. Please keep course and speed. 请保速保向。

6. Please pass ahead of me. 请从我船头通过。

7. Do not pass ahead of me. 不要从我的船头通过。

8. Please pass astern of me. 请从我船尾通过。

9. Do not pass astern of me. 不要从我的船尾通过。

10. I will pass ahead of you. 我将要从你船头通过。

11. I will pass astern of you. 我将要从你船尾通过。

12. Please keep clear of me. 请远离我。

13. Do not overtake me. 不要追越我。

14. I will overtake you on your starboard side. 我将从你右舷追越。

15. I will overtake you on your portside. 我将从你的左舷追越。

16. Do not pass on my starboard side. 不要从我右舷通过。

17. Do not pass on my port side. 不要从我左舷通过。

18. Port to port. 会红灯。

19. Starboard to starboard. 会绿灯。

20. Can you hear me? 能听到我说话吗?

21. I am not under command. 我船失控。

22. I am sinking. 我船正在下沉。

23. I have leaking. 我船正在漏水。

24. I have dangerous list. 我有危险横倾。

25. I need help. 我需要帮助。

26. Mayday, Mayday, Mayday. 遇险呼叫。

参考文献

［1］吴兆麟，赵月林. 船舶避碰与值班. 5 版. 大连：海事大学出版社,2021.

［2］中国海事服务中心. 船舶操纵与避碰. 北京：人民交通出版社,2013.

［3］李伟，宁君. 船舶种类概论. 大连：大连海事大学出版社,2017.

［4］孙文强. 船舶值班与避碰. 大连：大连海事大学出版社,2000.

［5］翁建军. 船舶值班与避碰. 武汉：武汉理工大学出版社,2016.

［6］郑中义，吴兆麟. 船舶避碰决策. 大连：大连海事大学出版社,2000.

［6］蔡存强. 国际海上避碰规则释义. 北京：人民交通出版社,1995.

［7］张铎.《1972 年国际海上避碰规则》理解与适用. 大连：大连海事大学出版社,2007.

［8］赵月林. 船舶避碰与值班(英文版). 大连：大连海事大学出版社,2010.

［9］中华人民共和国海事局. STCW 公约马尼拉修正案履约指南. 大连：大连海事大学
出版社,2010.

［10］王凤武，张卓. 驾驶台资源管理. 大连：大连海事大学出版社,2008.

［11］中华人民共和国海事局. 典型案例调查解析. 大连：大连海事大学出版社,2004.

［12］吴兆麟. 船舶避碰与海上安全研究. 大连：大连海事大学出版社,2006.

［13］中华人民共和国海事局. 海船船员培训大纲(2016). 北京：人民交通出版社,2017.

［14］张仁平. 涉渔国际海事公约汇编. 大连：大连海事大学出版社,2014.

［15］刘新亮. 渔船避碰与值班(船长、船副). 大连：大连海事大学出版社,2018.

［16］胡彦，刘建荣. 渔业船舶管理. 济南：山东教育出版社,2015.

［17］中国渔业互保协会. (1994—2015)中国渔业船舶安全分析报告. 北京：中国农业出
版社,2018.

［18］《渔业船舶管理概论》编委会. 渔业船舶管理概论. 上海：上海交通大学出版社,
2015.

［19］王明新. 船舶驾驶. 北京：海洋出版社,2005.

［20］初文华. 渔业船舶概论. 北京：科学出版社,2021.

［21］宋耀华，葛坤. 船舶避碰. 北京：中国农业出版社,2017.

［22］卓永强. 渔船基本安全. 大连：大连海事大学出版社,2018.

［23］栾剑. 渔业船舶装备及检验. 大连：大连海事大学出版社,2017.

［24］全国人大常委会办公厅. 中华人民共和国海上交通安全法(最新修订本). 北京：中国民主法制出版社,2021.

［25］关政军. 航海仪器(上册:船舶导航设备). 大连：大连海事大学出版社,2009.

［26］刘彤. 航海仪器(下册:船舶导航雷达). 大连：大连海事大学出版社,2013.

［27］戚发勇，王岩. 基本安全. 大连：大连海事大学出版社,2015.

［28］中华人民共和国海事局. 典型案例调查解析. 大连：大连海事大学出版社,2004.